Paris

1886

Kant, Emmanuel

Traité de pédagogie...

EMMANUEL KANT

TRAITÉ DE PÉDAGOGIE

(TRADUCTION JULES BARNI)

AVEC UNE PRÉFACE
DES SOMMAIRES ANALYTIQUES ET UN LEXIQUE

PAR

RAYMOND THAMIN
Chargé du cours de pédagogie à la Faculté des lettres de Lyon

PARIS
ANCIENNE LIBRAIRIE GERMER BAILLIÈRE ET Cie
FÉLIX ALCAN, ÉDITEUR
108, BOULEVARD SAINT-GERMAIN, 108
1886

EMMANUEL KANT

TRAITÉ

DE

PÉDAGOGIE

A LA MÊME LIBRAIRIE

BOURLOTON. — Imprimeries réunies, B.

EMMANUEL KANT

TRAITÉ DE PÉDAGOGIE

(TRADUCTION JULES BARNI)

AVEC UNE PRÉFACE
DES SOMMAIRES ANALYTIQUES ET UN LEXIQUE

PAR

RAYMOND THAMIN
Chargé du cours de pédagogie à la Faculté des lettres de Lyon

PARIS
ANCIENNE LIBRAIRIE GERMER BAILLIÈRE ET Cie
FÉLIX ALCAN, ÉDITEUR
108, BOULEVARD SAINT-GERMAIN 108

1886

PRÉFACE

Il existe contre Kant un préjugé par lequel sa mémoire expie l'admiration et comme le culte philosophique dont elle est l'objet. De même qu'une partie de la vérité fait le plus souvent tort aux autres parties, il est rare qu'on soit également juste pour tous les côtés d'un grand homme. Il en est un par lequel et pour lequel on l'admire, et peu à peu le reste de sa figure s'efface et s'oublie. L'admiration abstrait et appauvrit. Cela est vrai même pour les grands penseurs et les grands écrivains. Si quelques-uns de leurs livres font passer les autres à la postérité, c'est dans une sorte de pénombre et comme diminués par un trop éclatant voisinage. C'est ainsi que Kant n'est pour nous que l'auteur des trois *Critiques* et de quelques ouvrages qui en sont la préface et le commentaire. Sa philosophie dès lors passe pour inaccessible à quiconque n'est pas initié; et disons que quelques-uns de ses disciples ont encouragé ce parti pris, en renchérissant sur l'obscurité de certaines formules et en se constituant les gardiens peu engageants de la doctrine. Aussi a-t-on peine à se représenter Kant tel qu'il fut, professeur à la mode, homme du monde, sans que rien ait été ôté par le monde à l'austérité et à la régularité de sa vie. On a peine à reconnaître en lui, à côté de l'auteur de la philosophie transcendentale, un observateur des plus pénétrants et un moraliste des plus délicats, sans que le souci des petites choses ait jamais nui à l'ampleur et à la majesté du système. Cependant quand ce système s'écroulerait, quand il n'en resterait plus rien, sinon dans l'histoire, que de remarques, que de règles pratiques continueraient à faire de Kant un des maîtres de la conduite humaine ! — Et ce serait justice. On a pu se demander en effet si la conscience des besoins moraux de l'humanité n'avait pas triomphé des exigences de sa pensée critique, et si les reconstructions de la raison pratique n'étaient pas elles-mêmes une glorieuse inconséquence. Mais à coup sûr des vérités plus modestes que les célèbres postulats ont fait leur place, j'allais dire leur brèche, dans la philosophie kantienne. Les leçons de pédagogie recueillies et publiées par Rink en sont la preuve.

I

LA PHILOSOPHIE DE KANT ET L'ÉDUCATION

Comment une pédagogie est-elle possible dans le système de Kant? La liberté dans ce système n'est-elle pas au-dessus des phénomènes, et ceux-ci ne sont-ils pas condamnés à développer les conséquences irrésistibles de ses invisibles arrêts? Le vrai principe de la moralité n'est-il pas par là hors de la portée de tout éducateur humain, qui épuiserait vainement ses forces à essayer de détourner un déterminisme implacable? — Kant a dit encore[1], avec une âpreté toute stoïcienne, qu'il n'y a pas de milieu entre avoir et n'avoir pas de caractère, c'est-à-dire de principe fixe de

1. *Anthropologie*, IIe partie.

conduite, et qu'on n'acquiert pas peu à peu cette fixité, mais qu'il faut pour y parvenir une secousse violente, et comme une révolution de l'âme, à savoir l'avènement subit d'une règle jusqu'alors ignorée ou méconnue. Or l'éducation ne procède pas d'ordinaire par ces coups d'éclat. Qui dit éducation, au contraire, dit surveillance patiente, hygiène raisonnée, amendement gradué, lents efforts, travail quotidien, sollicitude toujours en éveil, même pour ce qui n'est que détail et phénomène. Tant de peine serait donc perdue! — Et perdre sa peine serait même pour l'éducateur le seul moyen de ne pas nuire. Car une éducation qui servirait à quelque chose pèserait sur la liberté de l'élève, et en lui donnant l'habitude, ou, comme on l'a dit, le préjugé du bien, lui en ôterait le mérite. La moralité qu'on ferait naître serait toute mécanique, et n'aurait de la moralité vraie que la ressemblance extérieure des actes, qui est de peu de prix. Ne vaut-il pas mieux laisser courir aux hommes le risque pour lequel ils sont nés, et respecter dans la liberté indisciplinée de l'enfant la possibilité d'une vertu qui se sera du moins faite elle-même? Laissons donc là une entreprise dont nous aurions à regretter le succès, si nous n'avions à en regretter l'échec. Car si l'éducation peut quelque chose, elle peut trop.

Cependant Kant fut un pédagogue. Il le fut dans tous les sens du mot. La pauvreté de sa famille le força à débuter dans l'enseignement par les préceptorats. Comme Rousseau, il s'accuse d'avoir mieux réussi dans la théorie de l'éducation que dans la pratique. Toutefois l'amitié respectueuse que des élèves, même d'un rang élevé, gardèrent pour lui, semble donner un démenti à sa modestie. Comme professeur à l'Université, ses succès sont connus et incontestés. Mais il ne fut pas seulement ce pédagogue sans le vouloir qu'est tout éducateur et tout professeur. Il enseigna la pédagogie elle-même, comme il était tenu de le faire en sa qualité de professeur de philosophie. Les règlements universitaires unissaient alors à Kœnigsberg ces deux enseignements. Kant prit pour texte de ses leçons le livre d'un de ses collègues, Samuel Bock. Mais il s'écartait librement de son texte, notant au fur et à mesure ses impressions et ses idées. Ce sont ces notes que Rink a publiées. Enfin Kant ne fut pas seulement pédagogue par occasion ou par nécessité. Il le fut par goût, au point que la lecture de l'*Émile* troubla l'économie de ses promenades quotidiennes, comme fit plus tard la Révolution française. — Une espèce de fou, accompagné d'un enfant de huit ans, traverse Kœnigsberg, tête et pieds nus, le corps enveloppé d'une peau de bête. Il fait courir toute la ville et pique toutes les curiosités. Mais ce qui intéresse Kant, c'est l'âme de cet enfant qui n'a connu ni maître ni discipline, et peu s'en faut qu'il ne se passionne pour cet Émile plus sauvage qu'Émile.

En dépit des théories que nous avons dites, les méthodes d'apprentissage moral, les leçons à tirer des événements et des doctrines, les délicatesses de la casuistique, l'étude minutieuse des voies et moyens de la vertu ont de tout temps préoccupé son esprit, façonné par une mère piétiste, et qui devait garder ineffaçables les impressions du jeune âge. Dans un écrit sur les tremblements de terre, méditant sur l'impitoyable nécessité des lois naturelles ou divines, qui déroutent nos calculs et broyent nos espérances, il est conduit, comme par la pente naturelle de sa pensée ordinaire, à conclure que le bonheur humain n'est pas de ce monde, et qu'il y faut sans doute chercher autre chose, conclusion au moins inattendue d'une dissertation scientifique. De même l'analyse des sentiments du beau et du sublime lui sert d'introduction à l'analyse de cette sublimité entre toutes : une bonne action. Le programme de ses leçons pour le semestre d'hiver 1765-1766 est une véritable profession de foi pédagogique : le maître ne doit pas enseigner des pensées, mais à penser. Le livre n'est qu'un prétexte, une matière à réflexion. L'acquisition des connaissances positives n'est que l'accessoire et l'accident. Mais cet esprit qu'il s'agit avant tout, non de remplir, mais de former, ne s'exerce pas à vide, et l'expérience rentre ici dans ses droits. Si elle ne peut rien sans la raison, la raison ne peut rien sans elle. N'est-ce pas là justement la position que Kant doit prendre et garder entre l'empirisme et le rationalisme? Enfin il entreprit un jour d'expliquer par les rêves de la métaphysique les rêves d'un visionnaire, qui n'était autre que Swedenborg. Cet écrit semble être la gageure d'un sceptique. Car le métaphysicien y sourit de ses propres rêves. Sourire ému toutefois, scepticisme mêlé de regrets ou d'espérances; et entre tous ces rêves il en est même un que Kant a peur d'effleurer et de froisser. Il s'arrête et s'incline, comme disant à sa raison : Respecte ceci qui est au-dessus de toi. C'est du mystère de la vie future qu'il s'agit. D'ailleurs qu'importe à ce propos de savoir ou de ne pas savoir? Il suffit de croire et d'agir en croyant. Disons mieux : ne pas savoir fait le mérite de croire. Foi indispensable autant qu'indémontrable, qui résout ou du moins limite le scepticisme de l'auteur. Et nous n'empruntons jusqu'ici ces témoignages des préoccupations pratiques de Kant qu'aux écrits d'une période où Wolf et Hume passent pour s'être disputé toute sa pensée.

Il y a donc une pédagogie de Kant en dehors même du *Traité de Pédagogie*. Dans la *Critique de la Raison pratique* et dans la *Doctrine de la Vertu* elle s'appelle la Méthodologie. Car « l'idée même de la vertu implique qu'elle doit être acquise, puisqu'elle n'est point innée », et, pour la même raison, « elle peut et doit être enseignée [1] ». Les commencements sont pénibles, et on ne peut espérer arriver d'emblée à la pureté de l'intention morale. Avec les âmes incultes ou dégradées, il faut user de moyens à leur portée, et les solliciter provisoirement par l'intérêt, sauf à renoncer au plus tôt à cet allié compromettant. Il n'est pas, en effet,

1. *Doctrine de la Vertu*, Méthodologie.

de sollicitation plus vive vers la vertu que la représentation même de la vertu. Inutile de provoquer l'enthousiasme et de faire appel à d'autres sentiments qui falsifient l'intention et soumettent la moralité à leurs caprices. — Nous retrouverons plus tard cette proscription de la sensibilité. — Demander qu'on obéisse au seul devoir n'est pas d'ailleurs demander l'impossible. Il n'est pas au contraire d'ordre plus irrésistible quand il est clair. S'habituer et habituer ceux dont nous dirigeons la vertu à le démêler et à n'écouter que sa voix dans le concert discordant de nos intérêts et de nos sentiments, ce n'est pas hérisser à plaisir, mais bien aplanir le chemin de la moralité. Nous mettrons donc à l'épreuve les consciences dans des cas imaginaires; nous exercerons le jugement moral, même des enfants, et nous constaterons « que la moralité a d'autant plus de force sur le cœur humain qu'on la lui montre plus pure[1] ». On ne sait pas assez tirer parti de cet instinct moral de l'humanité. Juger, discuter, analyser la conduite est une occupation qui plait au moins cultivé, et que l'on pourrait transformer en un utile exercice de notre sens du devoir. On apprendrait même leurs obligations aux hommes en les leur faisant dire à eux-mêmes, pour peu qu'on sût les interroger. Ce catéchisme serait la toute première éducation. Des exemples viendraient l'illustrer, empruntés aux biographies de tous les temps et de tous les pays. Et on favoriserait les comparaisons qui s'établiraient d'elles-mêmes entre ces exemples passés et les actions dont nous sommes les témoins. Puis on en viendrait à l'examen de questions plus subtiles, et on n'attendrait pas que des cas embarrassants prissent au dépourvu les consciences inexpérimentées. On donnerait enfin aux âmes l'habitude de l'estime et du mépris, dont on ferait une défense pour leur propre moralité. — N'avions-nous pas raison de dire que Kant serait encore un pédagogue sans son *Traité*

1. *Critique de la Raison pratique*, Méthodologie.

de Pédagogie? Les doctrines qu'il y soutient, et que nous ne pourrons même plus analyser sans nous répéter, ne sont donc pas des doctrines d'accident et de circonstance, mais tiennent au fond même, au fond persistant de sa pensée. — Les maîtres, dit-il encore, sortiraient eux-mêmes meilleurs d'une pareille éducation. Avertis par leur expérience morale de la puissance de l'imitation, ils seraient forcés à la vertu par leur métier et par le respect de la conscience d'autrui. Mais cet enseignement par l'exemple ne profiterait qu'à eux, s'ils ne donnaient, après la science des devoirs, l'art de leur bien obéir. Obéissance qui ne doit être ni mécanique ni inconsciente, mais qui ne doit pas être non plus disgracieuse et rechignée. Il faut qu'au courage s'ajoute la sérénité. Voilà pourquoi toute mortification superstitieuse, et tout châtiment incompatible avec cette aisance souveraine du libre serviteur du devoir, doivent être distingués d'une saine et fortifiante discipline de la volonté. La vertu, qui est force et santé, ne veut pas plus de contorsions que de laisser-aller.

Sur un ton moins élevé, et auquel Kant nous a moins habitués, il fait sur le caractère féminin des observations qui décèlent plus de finesse que de sympathie, et en tire des conséquences pleines d'humour sur un genre spécial d'éducation, l'éducation de la femme par le mari. Tout l'art du mari est de commander en ayant l'air d'obéir : « Je dirais volontiers, je voulais être galant, que la femme doit régner et le mari la gouverner; car l'inclination règne et l'entendement gouverne[1]. » Mais il est évident qu'aux yeux de Kant ce régime constitutionnel n'est que le moyen de tirer le meilleur parti possible d'un contrat désavantageux. Car il écrit, sans galanterie cette fois : « Le mariage affranchit la femme et fait perdre à l'homme sa liberté. » Par plusieurs traits de ce genre, et par une réflexion sur l'habileté déployée par la na-

1. *Anthropologie*, IIe partie.

ture à poursuivre sa fin, la conservation de l'espèce, Kant est bien le maître de Schopenhauer. Mais ce cours de discipline conjugale ne peut être qu'un épisode dans l'étude des idées de Kant sur l'éducation, et nous avons hâte d'arriver au traité même de *Pédagogie*.

II

L'ÉDUCATION DU CORPS

Ce traité, avons-nous dit, n'en est pas un. Du moins il n'a de ce qu'on est convenu d'appeler un traité ni l'enchaînement doctrinal, ni même l'ordre extérieur. Il ne renferme pas, à proprement parler, un système d'éducation, ce qui n'est peut-être pas une infériorité. Mais on y retrouve tout Kant, et on y trouve parfois aussi un Kant inconnu.

Le Kant de la *Pédagogie* n'est pas exclusif. Tout notre être a pour lui droit à la vie et à l'éducation. Aucune faculté ne vaut par elle-même. Les parties ont dans le tout leur raison d'être et leur prix. Par le développement exagéré d'une seule tendance, vous produiriez peut-être un phénomène. On vous demande un homme. Sans doute ce mot signifie surtout un être moral; et la moralité est ce qui donne à la vie un sens, à l'éducation un but. De même, à tous les degrés de l'échelle, l'inférieur n'existe que par le supérieur et pour lui. Ainsi, parmi les facultés intellectuelles, la mémoire n'est que l'auxiliaire du jugement, et nous n'avons que faire d'un lexique vivant, si ce n'est « comme d'une bête de somme », apportant des matériaux au travail d'autrui. Mais si tout doit être mis à sa place, tout a une place dans la *Pédagogie*, et il n'est pas sans quelque intérêt d'entendre de Kant des recommandations imitées de Rousseau sur l'allaitement maternel et l'usage des maillots. Après l'éducation proprement physique, et celle-là même n'est un besoin que pour l'homme, vient une éducation que Kant appelle encore physique, parce qu'elle est la culture de nos aptitudes naturelles, et qui comprend l'éducation des sens, de l'intelligence, et une discipline toute mécanique de la volonté. Après quoi il restera à l'éducation à faire plus et mieux qu'un être naturel, nous avons dit : un être moral.

Certes, cette conception pédagogique ne ressemble guère à celle que répand parmi nous la propagande positiviste. Loin d'être la contemplation passive et le culte servile des instincts de l'enfant, l'éducation est une infatigable ascension et un constant effort pour sortir de la nature. Loin d'être rivée aux préoccupations utilitaires, elle en est le détachement et l'oubli ; et le mot intérêt, si souvent prononcé par Spencer, l'est à peine une fois par Kant. Pour l'un et pour l'autre nos différentes facultés, et les différents genres d'éducation qui leur conviennent, forment une hiérarchie. Mais l'un regarde toujours en bas, l'autre toujours au sommet de l'échelle. Pour l'un il s'agit avant tout d'élever un animal et qui vive. Pour l'autre l'éducation a justement comme fin de convertir cet animal en homme, et qui pense, et qui veuille. La tâche commence vraiment pour Kant là où pour Spencer elle s'arrête le plus souvent. Le luxe de celui-ci est le nécessaire de celui-là. L'un rêverait sur le berceau de l'enfant à un solide gaillard qui serait aussi un heureux et un habile, l'autre à ce serviteur désintéressé que le devoir demande et que les passions humaines lui disputent. C'est que nous cherchons à faire de l'enfant un homme tel que nous concevons l'homme ; c'est que notre pédagogie ressemble toujours à notre métaphysique.

Mais, pour être haut placé, l'idéal de Kant n'est pas suspendu en l'air, et ce serviteur d'un devoir absolu qu'il cherche ne doit pas être une abstraction sans corps et sans vie physique. Un souci domine tous les autres, mais ne les supprime pas ; et l'élève de Kant est bien en chair et en os. Il ne rappelle en rien ces pâles ascètes, ces idéalistes en action dont le moyen âge nous a légué l'imposant, mais peu encourageant exemple. Pour n'être pas positiviste, Kant est un moderne. Il est fils du XVIIIe siècle. Il est disciple de Rousseau. La nature, qui n'est pas tout pour lui, est quelque chose. Et de même, nous le verrons, l'expérience. Cette conciliation de deux tendances et de deux vérités contradictoires en apparence n'est-t-elle pas d'ailleurs toute l'œuvre et toute la pensée de Kant?

S'il s'agit du corps, c'est alors surtout que la nature a des droits. Et Kant répète contre certaines pratiques à la mode dans l'éducation de son temps, — et du nôtre, inventions et interventions maladroites d'éducateurs trop civilisés, tels que berceaux, maillots, lisières, des protestations qui étaient elles-mêmes une mode à la fin du XVIIIe siècle. Aux parents qui s'étonnent que l'enfant emmaillotté crie et se débatte, il propose de faire sur eux-mêmes l'expérience, et d'éprouver jusqu'où ira leur patience de grandes personnes. Toute sa pédagogie consiste provisoirement à respecter la nature, et à croire en elle. Elle apprendra à l'enfant à marcher, même à écrire. Ne pas la contrarier doit suffire à notre ambition. « La première éducation doit être purement négative. » On respectera jusqu'aux cris de l'enfant, tant qu'ils sont naturels. Car ils doivent avoir leur raison d'être. Kant croit aux causes finales. Et il n'est pas à la fois de pire hygiène et de pire discipline que de s'ingénier à les apaiser par des caresses et des chants, ce qui est donner à des marmots un moyen de nous dominer, et leur apprendre, avec le despotisme, le caprice.

Dans cette réserve même, et dans cette attitude tout expectante de l'éducateur, on sent poindre une prévoyante défiance. Rien n'est mauvais sortant des mains de la nature, mais rien n'est bon non plus; et on a vite fait de tout gâter. Car, pour innocent qu'il soit, le naturel de l'enfant a une singulière propension à se laisser corrompre; et s'abstenir est pour un père de famille un rôle plus difficile à garder qu'on ne croit. Nous demanderons même à Kant si c'est un rôle naturel, et si l'instinct ne mérite d'être écouté que lorsqu'il est un instinct d'enfant. Quoi qu'il en soit, cette abstention est la première manifestation de l'esprit de discipline, qui doit présider même à ces débuts de l'éducation. C'est une règle à l'usage des parents, en attendant les règles à l'usage des enfants. Et elles ne tarderont guère. Car, par discipline encore en même temps que par hygiène, on endurcira les enfants. Ce qui ne veut pas dire qu'on en fera des ascètes précoces. Mais enfin « un lit dur est plus sain qu'un lit mou », plus sain pour le corps. « Et en général une éducation dure sert beaucoup à le fortifier. » Spencer pense autrement. Ce n'est pas seulement la pédagogie, c'est l'hygiène des gens qui ressemble à leur morale et à leur métaphysique. L'enfant a bien au moins autant de penchant à la mollesse qu'à l'endurcissement. Mais dans la nature, qui est complexe, Kant fait son choix, ce qui n'est pas lui être infidèle. Encore moins irait-il jusqu'à lui faire violence, et il condamne tout le premier cette éducation qui, sous prétexte de faire les enfants robustes, les fait morts. C'était l'éducation russe d'alors, paraît-il. L'important est de ne pas suggérer de besoins aux enfants, et de ne pas leur donner d'habitudes.

On sait que Kant a la haine des habitudes. Il ne se dit point que ne pas donner d'habitudes reviendrait à ne pas élever du tout. En effet pour lui l'éducation est surtout préventive, et consiste à laisser à la moralité la possibilité de naître, et la place où s'épanouir. Or les habitudes d'enfant deviennent des habitudes d'homme. Et la liberté, prévenue par elles, les trouve établies dans l'âme comme autant d'ennemies à déloger. Sans doute le mérite serait double à triompher ainsi de son éducation. Toutefois Kant semble ici préférer modestement que l'éducateur ne mette pas son point d'honneur à engendrer pour l'avenir de glorieux conflits. Et pour n'habituer à rien, le mieux serait d'habituer à tout. Il reste entendu que là où la nature ne se prête pas à cet apprentissage varié, son veto sera obéi. C'est inutilement, par exemple, et c'est cruellement que l'on tenterait d'exercer les enfants à supporter tous les degrés de chaud et de froid, à dormir ou à manger sur commande.

On le voit, la mesure de Kant est toujours la même entre la discipline naissante et les instincts de l'âme ou du corps. Cette discipline veille même uniquement à ce que les instincts ne cessent pas d'être les instincts en devenant habitudes. Ainsi Kant pousse la fidélité envers la nature jusqu'à lui donner des alliés contre elle-même. Cependant la nature réclame, par la périodicité de certains besoins, une régularité qui ressemble à l'habitude. Cette ressemblance ne doit pas nous tromper. Il y a loin de l'habitude qui s'impose à la règle que l'on impose. Cette régularité dans le temps fixé pour le sommeil, pour les récréations, pour les promenades, est même un excellent apprentissage de l'ordre qu'il faut apporter en tout dans la vie. « Dans les choses indifférentes, on peut laisser le choix aux enfants, pourvu qu'ils continuent toujours d'observer ce dont ils se sont fait une loi. » Ainsi on se fait à soi-même une loi; mais cette loi sortie de notre volonté lui devient supérieure, et lui apparaît inviolable. La volonté se voulant elle-même, c'est là pour Kant toute la morale et c'est le commencement de la moralité. Mais nous prononçons trop tôt ce mot, quoique l'éducation morale descende dans l'éducation physique, lui donnant un sens et une portée nouvelle. Entre l'éducation du corps et l'éducation de la liberté (si on peut donner à la liberté une éducation), il y a même un long chemin à parcourir, et c'est dans la maturité et le plein développement de tout notre être que l'on pourra préparer et attendre cet achèvement, sans lequel il serait comme s'il n'était pas.

III

L'ÉDUCATION DE L'INTELLIGENCE

Cette éducation intermédiaire est encore physique, avons-nous dit avec Kant, en ce sens que ce sont des facultés naturelles qu'elle développe. La nature ne finit que là où la liberté commence. Ce sont deux « règnes », sans qu'il soit vrai de dire deux règnes ennemis. L'intelligence est du règne de la nature. Mais la nature n'est pas toute matière, et la nature de l'intelligence est justement d'être indépendante de la nature matérielle qu'elle perçoit. Non qu'elle existe à vide, et qu'elle puisse en se développant faire sortir de son sein tout ce qu'elle doit savoir. Il lui faut autre chose qu'elle-même pour qu'elle se révèle à elle-même, et c'est dans l'expérience qu'elle découvre ses propres formes qu'elle y a mises. Logiquement antérieure aux faits, elle est leur contemporaine dans la conscience; l'*a priori* et l'*a posteriori* sont donnés ensemble dans la connaissance. — Cela est de la philosophie, et de la philosophie transcendentale. Mais voici comment la pédagogie traduit cette thèse en lois particulières et pratiques. Ne comptez pas que l'abstrait dans l'esprit se dégage peu à peu, et par une sorte de sélection, des sensations concrètes que vous y aurez entassées. L'abstrait est dans le concret, sans quoi il n'en jaillirait jamais, et jamais le multiple n'engendrerait l'unité. Les principes ne se font pas. Ils préexistent. Que votre enseignement n'aille donc pas lentement et timidement du particulier au général, mais qu'il imite mieux la nature. Si vous enseignez une langue, par exemple, n'attendez pas que les règles ressortent de l'usage. Elles ne ressortiraient pas du tout; et vous n'auriez introduit dans l'esprit que multiplicité et confusion. D'autre part, les règles seules ne vous donneraient qu'un squelette sans consistance et sans vie. Faites donc marcher ensemble l'abstrait et le concret, « faites marcher ensemble les règles et l'usage ». Sur quelques points seulement la grammaire doit prendre les devants, pour que le désordre des mots ne soit pas un instant abandonné à lui-même. Et accoutumez l'esprit à aller des règles aux exemples et des exemples aux règles. Car la forme n'est rien sans la matière, ni la matière sans la forme. Accoutumez-le à ne jamais apprendre sans comprendre. Toute matière brute ne sert qu'à l'emplir sans le nourrir. Cultivez la mémoire, mais pour que les facultés supérieures tirent profit d'elle et de ses richesses. Enseignez l'histoire, mais « pour exercer l'entendement à bien juger ». — Cependant à l'histoire Kant semble préférer la géographie, et cette préférence date de longtemps[1]. C'est qu'il y a une géographie pour tous les âges. Les cartes, les récits de voyage servent à l'éducation des enfants, en attendant qu'une géographie plus scientifique soit à la portée de leur intelligence plus mûre. Avec celle-ci, les mathématiques prendront place dans l'éducation. Elles donneront à l'esprit le sens de la vérité et de la science, le rendant plus exigeant et plus sérieux.

Le sérieux est le caractère de ce programme à peine esquissé. Kant, un maître en l'art de la parole, demande qu'on apprenne aux élèves à bien dire. Mais c'est la seule des qualités dites brillantes qui trouve grâce auprès de lui. Point de contes sous prétexte de développer l'imagination. C'est là une qualité qu'on possède toujours assez. Point de romans qui n'encombrent la mémoire que pour fausser la vie. Point de ces récitations ou déclamations qui font naître une hardiesse précoce et sollicitent l'enfant à prendre des airs d'homme. En général éviter tout gaspillage dans l'éducation, et n'apprendre que ce qu'on est intéressé à retenir, non quelque temps, mais toujours. Savoir faire attention,

1. Voir le programme de Cours pour le semestre d'hiver 1765-66.

fuir la distraction comme l'ennemie même de l'éducation, être à ce qu'on fait, et ne rien faire que ce qui mérite d'être fait, être sérieux en un mot, tel est le secret du progrès intellectuel, et en même temps du progrès moral.

Il ne s'agit point cependant d'une éducation systématique et cloîtrée. Kant conseille aux maîtres de se défier de leurs raisonnements *a priori*, et de les soumettre à l'épreuve de la pratique. Il en veut surtout aux gouvernements qui se mêlent de gouverner en matière d'éducation. On ne décrète pas la meilleure méthode. Il faut la demander plutôt à ces expérimentations pédagogiques dont l'Institut de Dessau a pris l'initiative. L'expérience, qui est un contrôle nécessaire pour le maître, est pour l'élève le complément de l'école, si elle n'est elle-même la meilleure école. « Le meilleur moyen de comprendre, c'est de faire. » Savoir, c'est pouvoir, sans doute. Mais à plus forte raison pouvoir, c'est savoir. Outre cette expérience qui s'ajoute à l'enseignement comme l'exemple s'ajoute à la règle, il en est une qui vient avant tout enseignement et qui est la première institutrice de l'enfant. Les partisans modernes des leçons de choses ont vraiment tort de ne pas se réclamer de Kant. Car la géographie illustrée dont nous parlions tout à l'heure est dans sa pensée un continuel spectacle pour les yeux, et un spectacle où ne figurent pas seulement les fleuves et les montagnes, mais les choses et les bêtes. Toutefois cette nature peinte ne donne encore qu'un simulacre d'expérience. C'est l'expérience en plein air qu'il faut à l'élève de Kant. Comme Émile, il sautera, courra, grimpera, exerçant du même coup ses muscles et ses sens. C'est là une *culture libre*, qu'il faut distinguer de la *culture scolaire*.

Entendons-le bien : il faut les distinguer. Ne reconnaître aucune culture en dehors de l'école serait une erreur ; mais prétendre substituer le jeu à l'école et le laisser-aller à la discipline en serait une plus grave. On a imaginé qu'on pourrait tout apprendre en se jouant. Mais c'est là confondre les genres; et de cette combinaison de deux éléments hétérogènes, le plaisir et le travail, naîtra quelque chose qui ne sera pas le travail et qui ne sera même plus le plaisir[1]. Bien loin d'avoir peur du travail pour les enfants, il faut le leur enseigner comme un des privilèges de notre nature, comme une bienfaisante nécessité qui nous arrache à nous-mêmes, c'est-à-dire à l'ennui, et qui seule donne au repos quelque saveur. Puis le travail, c'est l'ordre et c'est la règle, et l'éducation ne doit pas être œuvre de hasard et de caprice. Au nom de l'ordre et de la règle encore, Kant va jusqu'à condamner cette curiosité turbulente des enfants, ces questions qui embarrassent, cette indiscrétion enfin dont se réjouissent la plupart des parents, comme de la première dent de l'esprit, et comme d'une promesse de pensée. On ne se donne pas à soi-même, on reçoit la véritable éducation. Être imposée n'est pas son moindre titre. Qu'est-ce à dire, sinon que l'éducation de la volonté pénètre l'éducation intellectuelle comme l'éducation physique? Si elle n'est pas tout, chez Kant, elle est partout. Nous traitions d'elle, alors que nous croyions ne traiter que des autres parties de l'éducation. Mais il est temps de s'en occuper pour elle-même, dussions-nous ne pas éviter d'inévitables redites.

IV

L'ESPRIT DE MÉTHODE ET DE DISCIPLINE

La moralité vraie suppose une intention éclairée, une pensée. Ainsi a-t-il fallu apprendre à penser. Mais cette

1. Cf. ROUSSEAU, *Émile*, II : « Ce qu'on fait pour rendre l'éducation agréable aux enfants les empêche d'en profiter. » — Madame DE STAËL, *De l'Allemagne*, 1re partie, ch. XVIII : « L'éducation faite en s'amusant disperse la pensée; la peine est en tous genres un des plus grands secrets de la nature; et l'esprit de l'enfant doit s'accoutumer aux efforts de l'étude, comme notre âme à la souffrance. »

pensée serait impuissante si notre volonté n'était assouplie à l'obéissance. Et avant d'enseigner la moralité proprement dite, dans la mesure où elle peut s'enseigner, il faut mater et discipliner les volontés. Car, bien loin d'être synonyme d'indiscipline, la liberté trouve dans la discipline l'apprentissage qui lui convient. L'ordre dans la vie suppose un ordre préalable, l'ordre dans l'éducation. Tout, nous l'avons vu, doit y être soumis, le sommeil comme le travail; et l'ordre dans ces choses est plus important que ces choses elles-mêmes, la forme de l'action que sa matière. « Ainsi, par exemple, on envoie d'abord les enfants à l'école, non pour qu'ils y apprennent quelque chose, mais pour qu'ils s'accoutument à rester tranquillement assis et à observer ponctuellement ce qu'on leur ordonne. » Voilà pourquoi on n'élève pas par boutade. « Donnez à l'enfant ce dont il a besoin, et dites-lui ensuite : Tu en as assez. Mais il est absolument nécessaire que cela soit irrévocable. » Il faut montrer aux enfants des lois inflexibles pour leur donner l'idée de loi, et l'éducateur doit s'imposer à lui-même l'esprit de méthode plus important dès lors dans ses commandements et dans ses défenses que ce qu'il commande et ce qu'il défend. Il peut lui en coûter, si c'est un père. Il est si bon de céder à ceux qu'on aime! Mais on n'élève pas avec le cœur, c'est-à-dire avec ce qui est étranger à toute règle et à toute méthode. C'est donner prise sur nous aux enfants que de trahir notre faiblesse pour eux; et ce n'est plus faire son métier d'éducateur que de chercher dans l'éducation le plaisir égoïste de caresses plus douces aux parents qu'aux enfants, et que de l'acheter par sa condescendance. Les enfants ne sont pas des jouets à l'usage des grandes personnes, et la pédagogie populaire ne dit-elle point qu'on doit les aimer pour eux et non pour soi?

Et c'est pourquoi l'éducation publique doit être préférée à l'éducation privée. Sans doute le partage de l'autorité entre les maîtres et les parents est un danger, mais que les parents éviteront en abdiquant; et les maîtres, pourvu qu'ils se défendent toute préférence comme un manquement à leur devoir professionnel, auront plus de chance de représenter dignement la règle abstraite et impersonnelle. Ajoutons qu'au contact de petites volontés égales et rivales, les angles de chaque volonté s'useront et se poliront. « Un arbre qui pousse isolé au milieu d'un champ perd sa rectitude en croissant et étend ses branches au loin; au contraire, celui qui croît au milieu d'une forêt se conserve droit, à cause de la résistance que lui opposent les arbres voisins, et il cherche au-dessus de lui l'air et le soleil. » Aux grands qui ont un précepteur pour eux seuls, et un précepteur qui est un serviteur, manquera ce sentiment de la limitation d'une liberté par une autre qui est le complément du sentiment même de la liberté. Celui-là même leur fera défaut; car il naît de la contrariété et du besoin, et lorsque livrés à nos seules ressources nous apprenons à les connaître. L'école offre cette ressource aux jeunes âmes, et, mettant en contact, parfois en conflit, les individualités, elle donne du même coup à chacune la conscience d'elle-même et le respect des autres. Elle nous apprend, sinon toute la moralité, du moins une de ses formes inférieures, mais indispensables, la sociabilité; et nous initiant à la vie en commun, elle nous initie à ce que Kant appelle la plus douce des jouissances de la vie. — Comme entre élèves, enfin, le mérite seul fait les rangs, l'école sera une école de justice sociale, véritable image de la vie civique, dit Kant; — d'autres diraient modèle plutôt qu'image. — Ce sera donc aimer les enfants pour eux que de renoncer au charme de leur commerce, et à ce continuel échange de tendresses que l'on prendrait à tort pour une éducation. L'éducation est chose sévère et qui doit se défier du sentiment.

Cependant nous nous demanderons ici s'il ne doit pas y avoir une mesure à cette défiance? L'attitude des parents, telle qu'elle résulte des pages qui précèdent, a quelque chose de pénible pour leur affection; et cet effort qu'ils feront sur l'élan d'un cœur qui ne raisonne pas les conséquences d'une caresse, cet effort est-il vraiment l'accomplissement d'un devoir? Pour être éducateur, cesse-t-on vraiment d'être père, d'être mère? Kant aurait bien raison alors de se défier de l'éducation domestique. Celle-là ne peut être impersonnelle. Il aurait bien raison surtout de se défier des mères. Car elles ne sauraient comprimer leur cœur dans les étroitesses d'une méthode qui ne fléchit point. Mais n'est-ce pas la réfutation de ce que cette méthode a d'exclusif que de nous réduire à exclure aussi de l'éducation ceux qui semblent nés pour la donner? N'est-ce pas surtout une erreur, — et une erreur qui serait difficile à comprendre, si on ne savait que l'éducation rigide de Kant lui a laissé sans doute ignorer ce dont il parle, — que de prétendre que les enfants n'aiment pas leurs mamans pour leurs caresses et leurs gâteries, et que leur besoin naissant d'indépendance leur fait préférer de bonne heure la sollicitude moins tracassière de l'éducation paternelle? N'est-ce pas plutôt l'excuse de cette sollicitude, n'est-ce pas l'excuse de ces caresses prodiguées, je le veux bien, par instinct plus que par devoir, que l'enfant a besoin d'elles, et qu'elles réchauffent, avec son petit corps qui semble les appeler, sa petite âme? Puisque Kant — le Kant de la *Pédagogie* — fait grand cas des fins poursuivies par la nature, ne devait-il pas voir dans l'instinct des mères les signes éclatants d'une finalité irrésistible? Système d'éducation condamné d'avance à être violé que celui qui compte sans cet instinct; et ne pouvant le détruire, ne vaut-il pas mieux le comprendre et s'en servir? Il corrige ce que toute pédagogie a de trop systématique et de trop brutal, et constitue à lui seul une pédagogie d'un ordre supérieur. Il a le tact, le sens des nuances, l'art de parler aux enfants leur langage, langage d'amour plus que de raison; il est habile à prévenir les résistances et à envelopper les volontés par un sourire, indéfinissable mélange d'une autorité qui sait gronder en caressant, et d'une tendresse qui sait mettre une leçon dans un baiser. Croit-on que le premier âge au moins s'accommoderait d'une discipline qui ne serait qu'une discipline? Croit-on que l'on puisse faire éclore une âme dans l'atmosphère froide d'une règle qui serait elle-même sans âme? Et si cela même était possible, quel sentiment garderait l'enfant, devenu homme, pour ses années d'obéissance? Kant dit quelque part qu'il faut que l'éducation soit légère à l'enfant, et que l'on entretienne son âme sereine. Mais il avoue que la chose est difficile et que l'enfance de chacun de nous lui apparait comme une période de triste servitude. Est-il bon qu'il en soit ainsi? et que peut gagner la moralité à ce que l'éducation nous laisse un souvenir maudit, et à tout ce qu'elle a amassé en nous soit rejeté par le premier effort de notre liberté s'éveillant, comme les restes d'un mauvais rêve? Kant aurait dû se souvenir ici de ce qu'il ne se lassera lui-même de répéter, qu'il faut traiter l'enfant en enfant et non en homme, encore moins par conséquent en soldat. Or la discipline qu'il nous prêche, pour imposante qu'elle soit, a une raideur quelque peu soldatesque. Elle n'est point faite pour ceux à qui elle doit s'appliquer, ni pour ceux qui doivent l'appliquer. Elle ne tient pas compte du droit qu'a l'enfant d'être enfant, et la mère d'être mère. Elle néglige un élément important du problème de l'éducation, à savoir les conditions spéciales de ce petit monde où chacun se souvient avec bonheur d'avoir vécu, où ce n'est pas le mal qu'on apprend d'ordinaire, mais d'où on emporte plutôt des provisions de vertu quelquefois inépuisables, de ce petit monde dont les membres ont entre eux des rapports que les rapports sociaux s'efforcent parfois d'imiter, sans y réussir, de la famille. La famille est un rouage inutile, parfois nuisible pour notre auteur, — erreur qui loge sa réfutation avec elle. S'il retardait de quelques années l'emploi de son impitoyable discipline, nous n'aurions plus qu'à en admirer la fortifiante influence. Mais ce qui fortifie l'adulte peut épuiser et dessécher l'enfant.

Ce n'est pas notre sensibilité seulement que Kant tient pour suspecte, c'est aussi celle de l'enfant; et il se défie de l'inconstance de ses inclinations comme des imprudences de notre affection. Si nos ordres trouvent un secours dans la complicité de ses désirs et de ses plaisirs, nous n'irons point jusqu'à le refuser, pourvu que nous ne le cherchions jamais. Encore est-il souvent préférable d'habituer l'enfant à se faire de petites violences. L'éducation du cœur se résume en peu de mots chez Kant. Elle doit être négative. Il ne faut jamais compter sur la sensibilité, et il faut compter avec elle, pour la contenir et la prévenir. Un seul sentiment, — car au respect convient à peine ce nom, — est excepté de cette condamnation sommaire, la patience, c'est-à-dire un sentiment qui consiste dans le silence de tous les autres. Kant ne redoute pas seulement la sensibilité pour le mal, mais encore pour le bien qu'elle peut faire. Son secours est pour la moralité un alliage qui la déprécie. Il ne faut pas s'adresser au cœur de l'enfant, même pour exciter sa pitié. Car cette pitié serait faite de nerfs, comme nous dirions aujourd'hui, plus que de vertu. L'idée de devoir nous rend seule pitoyables de la bonne façon. Car il y a deux façons de faire même le bien. On le fait mécaniquement et moralement. La sensibilité, pur mécanisme mental, ne produit de l'action vertueuse que l'ombre et le mensonge.

Pour des raisons analogues, Kant bannit de l'éducation les récompenses, bonnes pour désapprendre à l'enfant ce qu'on s'efforce de lui apprendre, le sacrifice de ses petites passions et de ses petits intérêts. Mais il admet les punitions comme l'accompagnement obligé de toute désobéissance. Ces punitions doivent d'ailleurs être infligées sans colère. Car l'enfant doit voir en elles autre chose que la marque d'une force supérieure à la sienne, et de caprices devant lesquels ses caprices à lui doivent provisoirement s'incliner, à savoir la sanction inévitable et impassible d'une règle qui ne veut pas être violée. Les punitions sont un remède nécessaire, mais d'une application malaisée. Elle risquent de faire des caractères timides et rampants. D'autres fois elles aigrissent et rendent intraitable. Maladroits surtout les parents qui, comme s'ils avaient entrepris d'enseigner l'hypocrisie et la servilité, exigent que leurs enfants les remercient de leurs coups et baisent la main qui les a frappés! Toutefois ces punitions qui peuvent faire autant de mal que de bien sont les punitions physiques, et celles-là ne doivent être qu'une exception et un pis-aller. Elles sont un moyen de dressage, non d'éducation. Mais on est souvent réduit à se contenter de dresser. Encore est-il deux sortes de punitions physiques : les punitions positives, qui consistent dans un châtiment corporel, et les punitions négatives, qui consistent dans une privation. Celles-ci sont voisines des punitions morales qui s'adressent chez l'enfant au besoin qu'il a d'être aimé, ou mieux encore, au besoin qu'il a d'être honoré. Le mépris est la meilleure punition, pourvu qu'on ne le prodigue point. Et cette punition-là ne dresse pas seulement, elle moralise. Enfin Kant reconnaît un dernier régime de punitions, et qui a cet avantage que pour lui il n'y a pas de limite d'âge, et que l'homme y est soumis comme l'enfant. Ce sont les punitions, nous dirions aujourd'hui : les réactions naturelles.

On voit que si loin qu'il semble être de la nature, Kant ne l'oublie point. Il n'oublie ni les secours qu'elle lui apporte, ni les bornes qu'elle lui trace. C'est ainsi qu'il proportionne à l'âge les moyens de discipline, se gardant bien, par un usage prématuré de l'idée du devoir et du sentiment de la honte, d'en compromettre pour plus tard la bienfaisante influence. Il faut aux enfants une discipline d'enfants ; et cette discipline elle-même est un moyen, et non une fin, un moyen pour émanciper la liberté, qu'elle doit par conséquent se garder d'étouffer. En même temps qu'elle est son alliée contre les parties inférieures de notre être, elle est pour elle le contraste et comme la gêne nécessaire pour qu'elle prenne conscience et possession d'elle-même. Mais il faut veiller à ce qu'elle ne dépasse pas le but et ne nous donne pas l'habitude de la passivité. Aussi convient-il de laisser parfois leurs coudées franches aux enfants, et de varier le régime de l'obéissance par le régime de la liberté : alternative qui doublera le prix de la liberté comme le mérite de l'obéissance, et qui nous acheminera peu à peu à l'obéissance libre de l'homme de bien.

Pour le moment cette liberté se dépensera à jouer. Mais le jeu, qui sert à l'éducation intellectuelle, ne sert pas moins à l'éducation morale. S'occuper à jouer, c'est une façon de s'occuper qui déshabitue l'enfant de l'inaction. Outre ce qu'il apprend dans ses jeux, il y apprend à s'intéresser à quelque chose, et en vient à subordonner son plaisir présent et sa paresse naturelle à cet intérêt. Certains jeux instruisent surtout ses sens. D'autres forment surtout son initiative et son énergie. Telle la gymnastique dont il faut faire une école, non de grâce, mais de hardiesse et de fatigue. Kant dit aussi son mot sur le jeu de colin-maillard, à propos duquel il remarque que les jeux des enfants résultent si peu de leur fantaisie et du hasard, qu'ils sont les mêmes dans tous les temps et dans tous les pays ; sur la balle, sur la toupie, la balançoire, voire sur la trompette et le tambour, jeux incommodants pour les grandes personnes et qu'il faut défendre aux enfants, pour leur inspirer, avec le respect des oreilles, le respect des droits du voisin. — Les enfants joueront donc, et on ne saurait trop insister sur la gravité avec laquelle Kant s'occupe de leurs jeux, estimant que rien de ce qui touche l'enfant n'est indigne de l'attention de l'homme. L'homme d'ailleurs a ses jeux à lui ; « sans aller à cheval sur des bâtons, il a ses dadas ». En quoi nos jeux d'adultes l'emportent-ils donc sur ceux des enfants, et ne serait-ce pas une partialité étroite en faveur de l'âge et de la barbe que de faire peu de cas de ceux-ci, en faisant un si grand cas de ceux-là ? — Je ne sais quel contemporain disait, croyant émettre un paradoxe, que s'il traitait de l'éducation, il écrirait un chapitre sur les jeux et les jouets : celui-là n'avait pas lu Kant.

Par la discipline ainsi mitigée, l'homme est dressé. Il faut ensuite le civiliser, lui donner l'art de plaire à ses semblables et de se plaire avec eux. Il faut même en faire un habile homme, et Kant n'hésite pas à l'armer pour la lutte des intérêts où il se trouvera engagé. Il faut qu'il sache pénétrer les desseins des autres et cacher les siens. Dissimuler n'est pas toujours mentir. Toutefois il faut se méfier de la subtilité de certaines distinctions, et, en présence de certains conflits, ne pas recourir à des compromis dangereux pour la vertu. Nous ne vivons pas dans un monde où la moralité soit chez elle. L'accord des mœurs et de la moralité n'est qu'un lointain idéal. La civilisation nous a même ajouté des vices, et cependant nous sommes faits pour elle. Mais nous ne sommes pas faits pour elle seule. Nous sommes faits pour quelque chose de mieux en quoi les contraires se résoudront peut-être un jour ; — et il faut enfin rendre à ce mot : l'éducation morale son vrai sens et sa vraie dignité.

V

L'ÉDUCATION MORALE

L'obéissance est déjà une image de la moralité. C'est la moralité des enfants. Et au fur et à mesure que leur raison grandit et que la soumission extérieure aux ordres d'un maître se double d'un acquiescement intime à une loi reconnue juste, cette moralité d'enfant prend plus de prix et se transforme. La discipline a pénétré du dehors au dedans. On obéit, mais on obéit à soi-même. Cette autonomie, qui n'est pas l'absence de règle, est le tout de la moralité. Mais quelle est cette règle intime dont la conscience seule nous fait hommes ? Kant se plaint qu'on se préoccupe trop peu de la faire connaître et qu'on laisse le soin de l'éducation morale à des prédicateurs qui, s'adressant à tous les sentiments et surtout à la peur, terrorisent les âmes qu'ils ne moralisent point. Il faudrait apprendre aux enfants à trouver en eux-mêmes une loi dont l'autorité échapperait par cette origine à leurs doutes et à leurs révoltes. C'est dire qu'il faudrait imiter Socrate. Mais comme tous les maîtres ne sont pas des Socrates, on pourrait apporter à leur enseignement oral le secours de petits livres qui seraient de véritables catéchismes de nos devoirs. Kant a donné ailleurs de ces catéchismes une esquisse un peu sèche et un peu sévère. Mais dans son traité même de *Pédagogie*, il propose un exemple de ces cas de conscience dont la solution facile serait selon lui, une utile leçon pour la raison de l'enfant, qu'elle mettrait en garde du même coup contre ses sentiments, même bons. Vous avez une dette dont c'est aujourd'hui l'échéance. Un malheureux vient à passer qui excite votre pitié. Lui donnerez-vous la somme que vous devez à un autre? c'est-à-dire manquerez-vous à un devoir par bonté d'âme ? ferez-vous le mal pour faire le bien que vous n'avez ni le moyen ni le droit de faire? — On voit par là que toute la morale et la casuistique rentreraient au besoin dans la pédagogie, à laquelle tout tient et qui tient à tout.

Mais Kant s'est borné à quelques conseils généraux dont nous voudrions seulement fixer et retenir l'esprit. Les hommes devant agir par principes, ce sont des principes qu'il faut inculquer aux enfants, et le principe des principes est l'idée de dignité humaine, qui devenant sensible, se traduit en respect. Respecter autrui, se respecter soi-même, c'est-à-dire respecter l'humanité en autrui et en soi-même, tel est le résumé de la morale, et initier à ce respect est le dernier acte de l'éducation. Le temps est passé de la discipline qui ne dit pas ses raisons; le temps est passé de l'obéissance aveugle. Il reste à trouver au dedans de l'âme son frein et sa loi. De petits êtres tout d'instinct et de cœur il reste à faire des êtres raisonnables, et à substituer à leurs mobiles d'actions, ondoyants et incertains, la règle sûre et uniforme du droit. Et on peut suggérer à l'enfant la notion du droit sans en faire un métaphysicien. Il suffit de le traiter comme il traite autrui pour éveiller en lui, avec la conscience douloureuse du tort qu'il subit, l'idée du tort qu'il s'est donné. Rencontrant un enfant pauvre, votre enfant témoigne-t-il par quelque boutade d'un morgue qui n'a pas attendu les années, ne cherchez pas à l'apitoyer sur le sort de ceux qu'il ne craint pas de mortifier; mortifiez-le plutôt à son tour, punissant l'insolence par l'insolence, et il comprendra qu'il ne doit pas faire à autrui ce qu'il ne veut pas qu'on lui fasse. Le plus souvent c'est la fortune qui, créant entre les hommes des différences factices, crée aussi cette vanité impertinente. Mais la vraie fierté n'a pas besoin d'humilier autrui.

Et pour ne pas humilier autrui, elle ne s'humilie pas elle-même. Le respect d'autrui et le respect de soi-même, bien compris, sont inséparables, loin d'être incompatibles. Aussi est-ce un déplorable moyen, pour susciter l'effort moral et intellectuel, que d'instituer d'incessantes comparaisons entre les enfants. « Quand l'homme estime sa valeur d'après les autres, il cherche ou bien à s'élever au-dessus d'eux, ou bien à les rabaisser. » « L'esprit d'émulatien mal appliqué ne produit que l'envie, »... quand il ne produit pas la haine. Comment ne pas en vouloir en effet à ceux dont l'exemple devient pour nous l'occasion de reproches et de mépris ? L'exemple d'autrui doit servir seulement à nous prouver que ce qu'on nous demande n'est pas l'impossible. Mais c'est à eux-mêmes qu'il faut comparer les enfants, et à la perfection qu'ils poursuivent, pour les humilier comme il convient. Toute autre humilité serait une baisse morale. On risquerait de prendre son parti d'une infériorité reconnue, et d'imiter le dédain d'autrui par le dédain de soi-même.

Tout dès lors serait perdu, y compris l'espérance. Car le principe même de la moralité aurait disparu. Il ne faut jamais désespérer au contraire de qui a su garder intact le respect de la dignité dont il est dépositaire, sinon cette dignité même.

Aussi pour entretenir et sauvegarder ce respect, rien n'est indifférent. La propreté en est chez l'enfant la première forme et le premier signe. Elle se transformera en une sorte d'instinct de propreté morale qui le défendra contre les précocités du vice et les aberrations de la sensualité. Kant insiste, plus que nous ne pourrions le faire, sur ce sujet troublant. Son langage est d'une austère crudité. Il faut être sérieux, selon lui, en ces matières où nous ne savons, nous autres, que rougir ou sourire ; et il y a façon de parler aux enfants qui fait qu'on peut leur parler de tout.

Le désordre dans la vie ne consiste pas seulement dans les désordres des sens. Mais le respect de nous-mêmes, étant le respect du moi d'hier comme du moi d'aujourd'hui, préservera notre conduite de ce manque de suite et de ces contradictions qui choquent. L'accord avec soi-même sera une forme du respect de soi-même. L'accord plus intime des résolutions et des actes en sera une autre ; et nous accoutumerons l'enfant à vouloir tout de bon ce qu'il veut. Nous l'accoutumerons à paraître ce qu'il est, et à être ce qu'il paraît, parce que toute contradiction entre l'apparence et la réalité est un désaveu de soi-même, et aussi un commencement de mensonge. Pour la même raison, nous lui ferons prendre en dégoût la fausse science. Outre qu'il vaut mieux pour l'intelligence savoir peu, cela vaut mieux aussi pour la moralité. Une science superficielle est un manque de sincérité, de sincérité envers autrui et de sincérité envers soi-même. — La sincérité, telle est la vertu qui garantit les autres en même temps qu'elle les domine, de même que le pire des vices est le mensonge. C'est sous la forme du mensonge que le mal est entré sur la terre, remarque quelque part notre auteur. C'est sous la même forme qu'il entre dans l'âme des enfants. Aussi est-ce contre le mensonge qu'il faut surtout défendre leur innocence. Il est un mal et il est le principe de tout mal à venir. Il est le crime des enfants, et contre lui il faut user des grands moyens. Il faut faire honte de lui-même au coupable, et aller ainsi au fond de son âme secouer sa dignité qui s'oublie. On fait trop souvent honte aux enfants pour des peccadilles, et on leur désapprend par l'abus la rougeur que la nature leur avait donnée pour trahir leurs mensonges. Mais, si on n'a pas prodigué ce remède, il faut l'appliquer au mal pour lequel il est fait. Il ne s'agit plus, en effet, d'une étourderie à réprimer; et malavisées sont les mères qui prennent un secret plaisir aux jolies inventions de leurs chers petits menteurs. Il s'agit de la droiture de la conscience, il s'agit de la droiture de la vie. Et voilà pourquoi il faut brusquement redresser l'âme qu'un mensonge a faussée, et punir par un vrai mépris ce qui est déjà une vraie faute.

Celui qui hait le mensonge jusqu'à en haïr l'ombre, celui qui ne s'en fait pas accroire, et qui n'en fait pas accroire aux autres, qui tient ses promesses, même celles qu'il s'est faites à lui-même, celui dont les paroles répondent à la pensée, et les actes aux paroles, celui dont la conduite à venir peut se lire dans la conduite passée, celui dont l'uniforme vertu est au-dessus du temps, puisqu'elle est au-dessus du changement, celui dont la vie, harmonieuse unité, se rattache à un principe et se résume en une maxime, celui-là est un caractère. Celui-là, et celui-là seul, est un être vraiment sociable. Car la solidité des caractères fait seule la solidité des relations. Mais quelle confiance peut-on avoir dans une volonté au jour le jour, et quand on ne sait pas si demain sera d'accord avec aujourd'hui? On a affaire dès lors comme à plusieurs êtres se succédant en un seul, et dont rien ne garantit la solidarité. La vie est ainsi morcelée, et les amitiés dissoutes avant de naître. Cette absence de caractère fait d'un homme un objet de défiance non seulement pour les autres, mais pour lui-même. Il ne sait jamais ce qu'il fera le lendemain, il en vient à douter de sa liberté qu'il a abdiquée, il s'abandonne, il cesse de s'appartenir, et avec la possession de soi-même disparaît en lui jusqu'à la possibilité de la vertu. Au contraire, si la rectitude de la volonté contribue à en faire la sûreté, cette sûreté en protège à son tour la rectitude. Et l'une et l'autre, nées du sentiment de la dignité, le confirment.

Qu'on ne dise pas ici que Kant exagère la dignité enfantine, et que sa vertu, dont on peut douter que l'homme l'atteigne jamais, ne peut même être comprise de l'enfant. Il lui a suffi de tracer le chemin dans lequel il faut entrer, et encore s'adresse-t-il à l'éducateur plutôt qu'à l'élève. De celui-ci il ne demande que ce que son âge comporte. On pourrait, avec tout ce que nous avons déjà dit, dessiner un portrait de l'enfant selon Kant. Ajoutons quelques traits : cet enfant ne sera pas un sage, ce ne sera pas un pédant, et il ne parlera pas d'un ton entendu de ce qui n'est pas de sa compétence d'enfant ; il ne fera pas l'homme. Ce qu'on appelle un enfant précoce est un petit singe qui répète sottement ce qu'il est incapable de penser par lui-même. De ces prétendus prodiges on ne fait rien plus tard. Quoi de plus ridicule aussi que ces petits maîtres en bas âge, habillés à la mode, frisés, portant des bagues et des tabatières ? « La parure ne convient pas à l'enfant » ; et sans notre exemple il n'y penserait point. Qu'il soit donc un peu ce que la nature l'a fait. Qu'il aille ses petits yeux ouverts à la lumière et à la joie. Qu'il joue avec ceux de son âge, et qu'avec de plus grands que lui il ait une réserve qui ne soit pas encore de la civilité, une aisance qui ne soit pas de la présomption.

Kant pousse la crainte d'anticiper sur l'heure de la raison jusqu'à se demander s'il faut enseigner aux enfants le nom de Dieu. Ne serait-il pas plus logique de laisser la pensée faire lentement son œuvre, et s'élever sur ses propres ailes vers les sommets pour lesquels elle est faite ? Mais les enfants entendront prononcer ce nom par d'autres que leurs maîtres, ils seront témoins du culte public ; et il est à redouter qu'ils n'empruntent à la superstition qui les entoure la matière d'une idée laissée trop longtemps vide, et que nos précautions inutiles ne tournent ainsi contre nous. On sent ici l'influence de Rousseau, influence à la fois subie et combattue. Mais nous avouons qu'elle est combattue bien timidement, et que Kant nous semble garder encore trop de scrupules. Ils tiennent sans doute à ce que son Dieu, fait pour notre raison, qu'elle soit pratique ou théorique, n'est pas fait pour notre cœur, encore moins pour un cœur d'enfant. Mais n'est-il pas un autre Dieu, plus vivant, et peut-être aussi philosophique, qui ne sort pas tout d'une pièce d'une démonstration, si pleine et si puissante qu'elle soit, mais qui veut pénétrer peu à peu dans l'âme, afin de la mieux remplir, qui y pénètre par une porte ouverte avant celle de la raison, un Dieu dont nous ne saurions dire quand nous y avons pensé pour la première fois, et qui par cela même fait plus vraiment partie de notre être, un Dieu pour ceux qui ne raisonnent point, un Dieu pour les petits enfants ? — Ce qui ne veut pas dire qu'on abandonnera à elle-même leur imagination religieuse, et qu'on aura dans l'infaillibilité de leurs naïves interprétations une foi plus naïve encore. Mais nous retrouvons ici les excellents conseils de Kant. Notre religion, selon lui, ne s'adressera pas à l'espérance, encore moins à la crainte qui avilit et qui déprime. Elle ne se fondera pas non plus sur une théologie plus propre à compliquer qu'à éclairer la foi de l'enfant. Mais elle fera admirer Dieu dans son œuvre, considérée d'abord dans ses plus saisissants détails, puis dans son majestueux ensemble. Et cette œuvre, par un heureux retour, deviendra comme plus sainte et plus respectable à nos yeux, du jour où l'idée de Dieu, qu'elle aura suggérée, répandra, partout présente, quelque chose de divin sur toute les créatures. Dieu sera en même temps pour l'enfant ce qu'il est pour l'homme, la personnification du devoir, dont la notion, au moins obscure, ne se fait pas attendre dans une âme bien dressée, et nous croirons à l'un en croyant à l'autre, confondant, pour les fortifier l'une par l'autre, notre moralité et notre foi. La religion n'est en effet autre chose que « la morale unie à la connaissance de Dieu ». La prière, les cantiques, la fréquentation des temples sont des moyens pour réconforter l'âme, et non pour arracher à Dieu des faveurs indignes de lui, comme de nous. La seule façon de lui plaire est de devenir meilleurs. — Enfin, il faut le représenter aux enfants comme un père, enfermant dans sa sollicitude tous les hommes, qui se trouvent ainsi former en lui une même famille. Un disciple de Kant, Fichte, dira dans un autre sens : « Le même rapport qui unit l'homme tout formé à la loi morale et à son auteur Dieu, le même rapport unit l'enfant aux parents[1]. » Ainsi l'idée de père prête à celle de Dieu sa vivante précision, et l'idée de Dieu communique à celle de père sa sainteté et son autorité. Ajoutons qu'il ne faut pas prodiguer, c'est-à-dire profaner le nom de Dieu dans l'éducation. Mais il faut l'entendre et le prononcer avec ce recueillement dont Newton nous a donné l'exemple. Kant a peur qu'une idée, trop souvent évoquée, ne devienne familière, et que la familiarité ne nuise au respect.

VI

LES « POSTULATS » DE L'ÉDUCATION

Nous aurions achevé notre étude, s'il ne nous restait à faire ressortir l'importance du rôle que, malgré certaines

1. FICHTE, *Système de la morale*, IIIe partie, ch. III, § 20.

présomptions qui nous avaient d'abord frappé, Kant attribue à l'éducation, — et dans l'éducation à l'éducateur. Kant procède de Rousseau, et nous ne revendiquons pas assez pour celui-ci cette glorieuse paternité. Mais il procède de Rousseau comme il procède de Hume ; et dans les influences qu'il subit, ce qui n'est pas le moins intéressant, c'est la réaction de sa propre nature et de son propre esprit. Quelle liberté il laisse à l'épanouissement spontané de nos facultés, quel compte il tient des exigences de la nature et de la psychologie propre à chaque âge, nous l'avons dit. Mais il reste vrai pour lui qu'on ne s'élève pas tout seul, et que l'éducateur a une autre fonction que de mettre l'adolescent en présence de faits, pour les laisser lui parler et le laisser les entendre. L'éducation reste un art, et même une science, la plus complexe des sciences, avec celle du gouvernement, mais une science nécessaire. L'homme a besoin d'éducation et rien n'est plus difficile à donner que l'éducation : « Un animal est par son instinct même tout ce qu'il peut être ; une raison étrangère a pris d'avance pour lui tous les soins indispensables. Mais l'homme a besoin de sa propre raison. Il n'a pas d'instinct, et il faut qu'il se fasse à lui-même son plan de conduite. Mais comme il n'en est pas immédiatement capable, et qu'il arrive dans le monde à l'état sauvage, il a besoin du secours des autres. » Que feront les autres pour lui ? Il faudrait qu'eux-mêmes eussent dans l'esprit cette raison et ce plan de conduite. Il faudrait être un sage pour bien élever, et on ne saurait ce que peut l'éducation que si un être d'une nature supérieure s'en chargeait un jour. Quoi qu'il en soit, l'homme est ce qu'elle le fait. Et il n'est homme que par elle.

Disons plus : ce n'est pas un homme, c'est l'humanité entière qu'elle transforme. Elle est l'agent du progrès, qui est considéré par Kant comme le patient apprentissage du mieux. Kant croit au progrès, pourvu qu'il soit voulu. Il y a un idéal de l'homme, qui, devenant conscient, tend à se réaliser par nos bonnes volontés qu'il attire. Il doit être l'âme de l'éducation. L'éducation sert à briser le moule monotone dans lequel nous enfermeraient la routine et l'hérédité, et elle fait les fils meilleurs que leurs pères. Mais pour cela il ne faut pas élever les enfants d'après l'état présent de l'humanité, d'après nos intérêts, ou même d'après les leurs, mais d'après un état meilleur possible dans l'avenir, « c'est-à-dire d'après l'idée de l'humanité et de son entière destination ». « C'est dans le problème de l'éducation que gît le grand secret de la nature humaine... Il est doux de penser que la nature humaine sera toujours mieux développée par l'éducation et que l'on peut arriver à lui donner la forme qui lui convient par excellence. » Les citations sont plus éloquentes ici que tout commentaire. Tout ce que le XVIIIe siècle a eu de plus généreux trouve un écho dans ces pages. Jamais on n'a plus fermement cru au progrès et à la liberté, et jamais on n'a plus noblement associé ces deux idées. L'homme est maître de lui, et l'humanité maîtresse d'elle-même. C'est à elle comme à lui que la Providence a pu dire : « Entre dans le monde. J'ai mis en toi toutes sortes de dispositions pour le bien. C'est à toi qu'il appartient de les développer, et ainsi ton bonheur ou ton malheur dépend de toi. »

Il est à remarquer que, par la complexité inintelligible pour nos petits esprits de leur puissante pensée, les grands philosophes se trouvent, sans le vouloir, servir de point de départ à des courants opposés, et autoriser de leur nom les doctrines les plus diverses. On a fait de Descartes successivement un dualiste, un idéaliste et un positiviste. On a fait de Kant, entre autres choses, un pessimiste. Toujours est-il que dans son *Traité de Pédagogie* il ne nous apparaît pas tel. Devons-nous voir dans l'optimisme vaillant des lignes que nous avons citées le fond de sa pensée ou l'influence des questions qu'il traite? Il faut en effet, bon gré mal gré, être optimiste, c'est-à-dire croire au bien, quand on veut faire du bien; et quel est celui qui n'aurait au moins cette ambition en s'approchant de l'enfant, et en songeant aux moyens de l'élever? Il semble qu'alors nous empruntions à l'enfant sa confiance dans la vie, et sa confiance en nous-mêmes. Si cela est, nous recevons de lui plus que nous ne lui donnons. L'enfant est l'ennemi toujours renaissant du pessimisme, — et le pessimisme le sait bien. Il guérit les sceptiques et les blasés, non seulement par la toute-puissance de son sourire, mais par les devoirs qu'il leur impose. Pour l'élever, nous croyons à bien des choses, et à l'éducation elle-même. Car on n'élève pas avec des doutes, en laissant faire et la nature et l'enfant, et en se complaisant dans sa propre indifférence. La réalité, une réalité chère, nous sollicite, et nous agissons, et nous commandons, ce qui est une autre façon d'agir. La pratique, ici encore, fait s'évanouir les nuages et les inquiétudes que la spéculation avait amassés. L'éducation, elle aussi, a ses postulats.

R. T.

NOTICE BIOGRAPHIQUE

Kant (Emmanuel) naquit à Kœnigsberg en 1724. Il ne quitta pas cette ville et y mourut en 1804. Il était né de parents pauvres, mais sa mère, qui était piétiste, lui donna une solide éducation morale et intellectuelle. De plus ses maîtres s'intéressèrent vite à lui. Cependant il chercha longtemps sa voie, fut précepteur, puis occupa à l'Université des situations modestes, et n'obtint qu'en 1770 la chaire de logique et de métaphysique. Dans la suite il fut recteur de cette université, et membre de l'Académie de Berlin. Sa biographie ne comprend que l'histoire de ses travaux intellectuels; car jamais vie ne fut plus monotone et plus réglée, et elle est célèbre par cette régularité même. C'est à lui que Kant semble faire allusion lorsqu'il écrit dans le *Traité de pédagogie* : « On blâme souvent les gens qui agissent toujours d'après des règles, par exemple l'homme qui a toujours une heure et un temps fixé pour chaque action ; mais souvent aussi ce blâme est injuste, et cette régularité est une disposition favorable au caractère, quoiqu'elle semble une gêne. » La première partie de la vie de Kant est remplie de travaux scientifiques. C'est par une sorte de lente sélection que ses études se portèrent vers la métaphysique. Il avait subi successivement l'influence philosophique de Wolf, puis de David Hume. Il ne fut enfin maître de sa pensée et n'exposa son propre système que dans la *Critique de la raison pure*, 1781, qui fut suivie de la *Critique de la raison pratique*, 1787, et de la *Critique du jugement*, 1790. Outre ces trois célèbres ouvrages, il en composa plusieurs autres, et d'autres encore furent extraits de ses manuscrits. Parmi ces dernier est le *Traité de pédagogie*, 1803. Barni a traduit en français les principaux ouvrages de Kant, et c'est sa traduction du *Traité de pédagogie* qui est reproduite dans ce livre.

TRAITÉ

DE PÉDAGOGIE

OBSERVATIONS TIRÉES D'UN COURS
FAIT PLUSIEURS FOIS A L'UNIVERSITÉ SUR CE SUJET

TRADUIT DE L'ALLEMAND

PAR JULES BARNI

INTRODUCTION

(SOMMAIRE. — Nécessité de l'éducation pour l'homme, et pour l'homme seul, p. 40. — La discipline nous fait passer de l'état d'animal à celui d'homme, p. 41. — De l'instruction, qui s'ajoute à la discipline, p. 42. — Ce que peut l'éducation, p. 43. — C'est dans le problème de l'éducation que gît le secret de la perfection de la nature humaine. p. 44. — L'accomplissement de sa destination est impossible pour l'individu abandonné à lui-même, p. 45. — Difficultés du problème de l'éducation, p. 46. — Que l'art de l'éducation doit être raisonné, p. 48. — Qu'un principe essentiel est d'élever les enfants, non d'après l'état actuel, mais d'après un état idéal de l'humanité. p. 49. — On ne pourrait attendre les progrès dans l'éducation publique de l'initiative des princes que si leur éducation à eux-mêmes était meilleure, p. 50. — La direction des écoles devrait dépendre de gens éclairés et compétents, p. 50. — Des différents degrés d'éducation, p. 51.)

L'homme est la seule créature qui soit susceptible d'éducation. Par éducation l'on entend les soins (de traitement, l'entretien) que réclame son enfance, la discipline * qui le fait homme, enfin l'instruction avec la culture *. Sous ce triple rapport, il est enfant, — élève, — et écolier.

Aussitôt que les animaux commencent à sentir leurs forces, ils les emploient régulièrement, c'est-à-dire d'une manière qui ne leur soit point nuisible à eux-mêmes. Il est curieux en effet de voir comment, par exemple, les jeunes hirondelles, à peine sorties de leur œuf et encore aveugles, savent s'arranger de manière à faire tomber leurs excréments hors de leur nid. Les animaux n'ont donc pas besoin d'être soignés, enveloppés, réchauffés et conduits, ou protégés. La plupart

NOTE. — *L'astérisque indique un renvoi au lexique qui est à la fin du volume. Lorsque le mot qui a besoin d'une explication sera répété dans le courant du* Traité de Kant, *nous ne répéterons pas le renvoi.*

demandent, il est vrai, de la pâture, mais non des soins. Par soins, il faut entendre les précautions que prennent les parents pour empêcher leurs enfants de faire de leurs forces un usage nuisible. Si, par exemple, un animal, en venant au monde, criait comme font les enfants, il deviendrait infailliblement la proie des loups et des autres bêtes sauvages qui seraient attirées par ses cris.

La discipline nous fait passer de l'état d'animal à celui d'homme. Un animal est par son instinct même tout ce qu'il peut être; une raison étrangère a pris d'avance pour lui tous les soins indispensables. Mais l'homme a besoin de sa propre raison. Il n'a pas d'instinct, et il faut qu'il se fasse à lui-même son plan de conduite. Mais, comme il n'en est pas immédiatement capable, et qu'il arrive dans le monde à l'état sauvage, il a besoin du secours des autres.

L'espèce humaine est obligée de tirer peu à peu d'elle-même par ses propres efforts toutes les qualités naturelles qui appartiennent à l'humanité. Une génération fait l'éducation de l'autre. On en peut chercher le premier commencement dans un état sauvage ou dans un état parfait de civilisation; mais, dans ce second cas, il faut encore admettre que l'homme est retombé ensuite à l'état sauvage et dans la barbarie.

La discipline empêche l'homme de se laisser détourner de sa destination, de l'humanité, par ses penchants brutaux. Il faut, par exemple, qu'elle le modère, afin qu'il ne se jette pas dans le danger comme un farouche ou un étourdi. Mais la discipline est purement négative, car elle se borne à dépouiller l'homme de sa sauvagerie; l'instruction au contraire est la partie positive de l'éducation.

La sauvagerie est l'indépendance à l'égard de toutes les lois. La discipline soumet l'homme aux lois de l'humanité et commence à lui faire sentir la contrainte des lois. Mais cela doit avoir lieu de bonne heure. Ainsi, par exemple, on envoie d'abord les enfants à l'école, non pour qu'ils y apprennent quelque chose, mais pour qu'ils s'y accoutument à rester tranquillement assis et à observer ponctuellement ce qu'on leur ordonne, afin que dans la suite ils sachent tirer à l'instant bon parti de toutes les idées qui leur viendront.

Mais l'homme a naturellement un si grand penchant pour la liberté, que quand on lui en laisse prendre d'abord une longue habitude, il lui sacrifie tout. C'est précisément pour cela qu'il faut de très bonne heure, comme je l'ai déjà dit, avoir recours à la discipline, car autrement il serait très difficile de changer ensuite son caractère. Il suivra alors tous ses caprices. On ne voit pas que les sauvages s'accoutument jamais à la manière de vivre des Européens, si longtemps qu'ils restent à leur service. Ce n'est pas chez eux, comme *Rousseau* * et d'autres le pensent, l'effet d'un noble penchant pour la liberté, mais une certaine rudesse, qui vient de ce qu'ici l'homme ne s'est pas encore en quelque sorte dégagé de l'animal. Nous devons donc nous accoutumer de bonne heure à nous soumettre aux préceptes de la raison. Quand on a laissé l'homme faire toutes ses volontés pendant sa jeunesse et qu'on ne lui a jamais résisté en rien, il conserve une certaine sauvagerie pendant toute la durée de sa vie. Il ne lui sert de rien d'être ménagé pendant sa jeunesse par une tendresse maternelle exagérée, car plus tard il n'en rencontrera que plus d'obstacles de toutes parts, et il recevra partout des échecs lorsqu'il s'engagera dans les affaires du monde.

C'est une faute où l'on tombe ordinairement dans l'éducation des grands, que de ne jamais leur opposer de véritable résistance dans leur jeunesse, sous prétexte qu'ils sont destinés à commander. Chez l'homme, le penchant pour la liberté fait qu'il est nécessaire de polir sa rudesse ; chez l'animal, au contraire, l'instinct dispense de cette nécessité.

L'homme a besoin de soins et de culture. La culture comprend la discipline et l'instruction. Aucun animal, que nous sachions, n'a besoin de la dernière. Car aucun n'apprend quelque chose de ceux qui sont plus âgés, excepté les oiseaux qui apprennent leur chant. Les oiseaux, en effet, sont instruits en cela par leur parents, et c'est une chose touchante de voir, comme dans une école, les parents chanter de toutes leurs forces avant leurs petits et ceux-ci s'efforcer de tirer les mêmes sons de leurs jeunes gosiers. Si l'on veut se convaincre que les oiseaux ne chantent pas par instinct, mais apprennent réellement à chanter, il y a un moyen décisif : c'est d'enlever à des serins la moitié de leurs œufs et d'y substituer des œufs de moineau, ou encore de mêler avec leurs petits des moineaux tout jeunes. Qu'on les mette dans une cage d'où ils ne puissent entendre les moineaux du dehors ; ils apprendront le chant des serins et l'on aura ainsi des moineaux chantants. Il est dans le fait très étonnant que chaque espèce d'oiseaux conserve à travers toutes les générations un certain chant principal ; la tradition du chant est bien la plus fidèle qui soit au monde.

L'homme ne peut devenir homme que par l'éducation.

Il n'est que ce qu'elle le fait. Il est à remarquer qu'il ne peut recevoir cette éducation que d'autres hommes, qui l'aient également reçue. Aussi le manque de discipline et d'instruction chez quelques hommes en fait-il de très mauvais maîtres pour leurs élèves. Si un être d'une nature supérieure se chargeait de notre éducation, on verrait alors ce qu'on peut faire de nous. Mais, comme l'éducation, d'une part, apprend quelque chose aux hommes, et, d'autre part, ne fait que développer en eux certaines qualités, il est impossible de savoir jusqu'où vont nos dispositions naturelles. Si du moins on faisait une expérience avec l'assistance des grands et en réunissant les forces de plusieurs, cela nous éclairerait déjà sur la question de savoir jusqu'où l'homme peut aller dans cette voie. Mais c'est une chose aussi digne de remarque pour un esprit spéculatif que triste pour un ami de l'humanité, de voir la plupart des grands ne jamais songer qu'à eux et ne prendre aucune part aux importantes expériences que l'on peut pratiquer sur l'éducation, afin de faire faire à la nature un pas de plus vers la perfection.

Il n'y a personne qui, ayant été négligé dans sa jeunesse, ne soit capable d'apercevoir dans l'âge mûr en quoi il a été négligé, soit dans la discipline, soit dans la culture (car on peut nommer ainsi l'instruction). Celui qui n'est point cultivé est brut; celui qui n'est pas discipliné est sauvage. Le manque de discipline est un pire mal que le défaut de culture, car celui-ci peut se réparer plus tard, tandis qu'on ne peut plus chasser la sauvagerie et corriger un défaut de discipline. Peut-être l'éducation deviendra-t-elle toujours meilleure, et chacune des générations qui se succéderont ferat-elle un pas de plus vers le perfectionnement de l'humanité; car c'est dans le problème de l'éducation que gît le grand secret de la perfection de la nature humaine. On peut marcher désormais dans cette voie, car on commence aujourd'hui à juger exactement et à apercevoir clairement ce qui constitue proprement une bonne éducation. Il est doux de penser que la nature humaine sera toujours mieux développée par l'éducation et que l'on peut arriver à lui donner la forme qui lui convient par excellence. Cela nous découvre la perspective du bonheur futur de l'espèce humaine.

L'esquisse d'une théorie de l'éducation est un noble idéal * et qui ne nuirait en rien, quand même nous ne serions pas en état de le réaliser. Il ne faut pas regarder une idée comme chimérique et la donner pour un beau rêve parce que des obstacles en arrêtent la réalisation.

Un idéal n'est autre chose que la conception d'une perfection qui ne s'est pas encore rencontrée dans l'expérience. Telle est, par exemple, l'idée d'une république parfaite, gouvernée d'après les règles de la justice. Est-elle pour cela impossible? Seulement il faut d'abord que notre idée ne soit pas fausse, et ensuite qu'il ne soit pas absolument impossible de vaincre tous les obstacles qui peuvent s'opposer à son exécution. Si, par exemple, tout le monde mentait, la franchise serait-elle pour cela une pure chimère? L'idée d'une éducation qui développe dans l'homme toutes ses dispositions naturelles est vraie absolument.

Avec l'éducation actuelle les hommes n'atteignent pas du tout le but de leur existence, car quelle diversité n'y a-t-il pas dans leur manière de vivre! Il ne peut y avoir d'uniformité parmi eux qu'autant qu'ils agissent d'après les mêmes principes et que ces principes deviennent pour eux comme une seconde nature. Nous pouvons du moins travailler au plan d'une éducation conforme au but qu'on doit se proposer, et laisser à la postérité des instructions qu'elle pourra réaliser peu à peu. Voyez, par exemple, les oreilles d'ours : quand on les tire du pied même de la plante, elles ont toutes la même couleur ; quand au contraire on en sème la graine, on obtient des couleurs toutes différentes et les plus variées. La nature a donc mis en elles certains germes, et il suffit, pour les y développer, de semer et de planter convenablement ces fleurs. Il en est de même chez l'homme.

Il y a beaucoup de germes dans l'humanité, et c'est à nous à développer proportionnellement nos dispositions naturelles, à donner à l'humanité tout son déploiement et à faire en sorte que nous remplissions notre destination. Les animaux remplissent la leur spontanément et sans la connaître. L'homme au contraire est obligé de chercher à atteindre la sienne, mais il ne peut le faire qu'autant qu'il en a une idée. L'accomplissement de cette destination est même entièrement impossible pour l'individu. Si l'on admet un premier couple réellement cultivé, il faut encore savoir comment il a formé ses élèves. Les premiers parents donnent à leurs enfants un premier exemple ; ceux-ci l'imitent, et ainsi se développent quelques dispositions naturelles. Mais toutes ne peuvent être cultivées de cette manière, car la plupart du temps les exemples ne s'offrent aux enfants que par occasion. Les hommes n'avaient autrefois aucune idée de la perfection dont la nature humaine est capable; nous-mêmes nous ne la possédons pas encore dans toute sa pureté. Aussi bien est-il certain que tous les efforts individuels qui ont pour but la culture de nos élèves ne pourront jamais faire que ceux-ci viennent à remplir leur destination. Ce ne sont pas les individus, mais l'espèce seule qui peut arriver à ce but.

L'éducation est un art dont la pratique a besoin d'être perfectionnée par plusieurs générations. Chaque génération, munie des connaissances des précédentes, est toujours plus en mesure d'arriver à une éducation qui développe dans une juste proportion et conformément à leur but toutes nos dispositions naturelles, et qui conduise ainsi toute l'espèce humaine à sa destination. — La Providence a voulu que l'homme fût obligé de tirer le bien de lui-même, et elle lui dit en quelque sorte : « Entre dans le monde. J'ai mis en toi toutes sortes de dispositions pour le bien. C'est à toi qu'il appartient de les développer, et ainsi ton bonheur ou ton malheur dépend de toi. » C'est ainsi que le Créateur pourrait parler aux hommes.

L'homme doit d'abord développer ses dispositions pour le bien; la Providence ne les a pas mises en lui toutes formées; ce sont de simples dispositions, et il n'y a pas encore là de distinction de moralité. Se rendre soi-même meilleur, se cultiver soi-même, et, si l'on est mauvais, développer en soi la moralité, voilà le devoir de l'homme. Quand on y réfléchit mûrement, on voit combien cela est difficile. L'éducation est donc le problème le plus grand et le plus ardu qui nous puisse être proposé. Les lumières en effet dépendent de l'éducation, et à son tour l'éducation dépend des lumières.

Aussi ne saurait-elle marcher en avant que pas à pas, et ne peut-on arriver à s'en faire une idée exacte que parce que chaque génération transmet ses expériences et ses connaissances à la suivante, qui y ajoute à son tour et les lègue ainsi augmentées à celle qui lui succède. Quelle culture et quelle expérience ne suppose donc pas cette idée? C'est pourquoi elle ne pouvait paraître que fort tard, et nous-mêmes ne l'avons pas encore élevée à son plus haut degré de pureté. La question est de savoir si l'éducation dans l'individu doit imiter la culture que l'humanité en général reçoit de ses diverses générations.

Il y a deux choses dont on peut regarder la découverte comme la plus difficile pour l'humanité : l'art de gouverner les hommes et celui de les élever, et pourtant on dispute encore sur ces idées.

Or par où commencerons-nous à développer les dispositions de l'homme? Faut-il partir de l'état barbare ou d'un état déjà cultivé? Il est difficile de concevoir un développement prenant son point de départ dans la barbarie, (aussi l'est-il tant de se faire une idée du premier homme), et nous voyons que, toutes les fois que l'on est parti de cet état, on n'a jamais manqué d'y retomber, et qu'il a toujours fallu faire de nouveaux efforts pour en sortir. Aussi chez des peuples très civilisés retrouvons-nous le voisinage de la barbarie, attesté par les plus anciens monuments écrits qu'ils nous aient laissés; — et quel degré de culture l'écriture ne suppose-t-elle pas déjà? C'est à ce point que l'on pourrait, au point de vue de la civilisation, faire dater de l'art d'écrire le commencement du monde.

Comme nos dispositions naturelles ne se développent

pas d'elles-mêmes, toute éducation est — un art. — La nature ne nous a donné pour cela aucun instinct. — L'origine, ainsi que la marche de cet art, est ou *mécanique**, sans plan, soumise aux circonstances données, ou *raisonnée*. L'art de l'éducation ne résulte pas mécaniquement des circonstances où nous apprenons par expérience si une certaine chose nous est nuisible ou utile. Tout art de ce genre, qui serait purement mécanique, contiendrait beaucoup d'erreurs et de lacunes, parce qu'il ne suivrait aucun plan. Il faut donc que l'art de l'éducation, que la pédagogie soit raisonnée, pour que la nature humaine puisse se développer de manière à remplir sa destination. Les parents qui ont eux-mêmes reçu une certaine éducation sont déjà des modèles sur lesquels se règlent les enfants. Mais pour rendre ceux-ci meilleurs, il est nécessaire de faire de la pédagogie une étude; autrement il n'y a rien à en espérer, et l'éducation est confiée à des hommes d'une mauvaise éducation. Il faut dans l'art de l'éducation substituer la science au mécanisme*; sans quoi elle ne sera jamais un effort continu, et une génération pourrait bien renverser ce qu'une autre aurait bâti.

Un principe de pédagogie que devraient surtout avoir devant les yeux les hommes qui font des plans d'éducation, c'est qu'on ne doit pas élever les enfants d'après l'état présent de l'espèce humaine, mais d'après un état meilleur, possible dans l'avenir, c'est-à-dire d'après l'idée de l'humanité et de son entière destination. Ce principe est d'une grande importance. Les parents n'élèvent ordinairement leurs enfants qu'en vue du monde actuel, si corrompu qu'il soit. Ils devraient au contraire leur donner une éducation meilleure, afin qu'un meilleur état en pût sortir dans l'avenir. Mais deux obstacles se rencontrent ici : 1° les parents n'ont ordinairement souci que d'une chose, c'est que leurs enfants fassent bien leur chemin dans le monde, et 2° les princes ne considèrent leurs sujets que comme des instruments pour leurs desseins.

Les parents songent à la maison et les princes à l'État. Les uns et les autres ne se proposent pas pour but dernier le bien général et la perfection à laquelle l'humanité est destinée. Les bases d'un plan d'éducation doivent avoir un caractère cosmopolitique. Mais le bien général est-il une idée qui puisse être nuisible à notre bien particulier? Nullement! Car, quoiqu'il semble qu'il lui faille faire des sacrifices, on n'en travaille que mieux au bien de son état présent. Et alors que de nobles conséquences ne s'ensuivent pas! Une bonne éducation est précisément la source de tout bien dans le monde. Les germes qui sont dans l'homme doivent toujours se développer davantage; car il n'y a pas dans les dispositions naturelles de l'homme de principe du mal. La seule cause du mal, c'est qu'on ne ramène pas la nature à des règles. Il n'y a dans l'homme de germe que pour le bien.

De qui doit-on attendre l'amélioration de l'état du monde? Des princes ou des sujets? Faut-il que ceux-ci s'améliorent d'abord eux-mêmes et fassent la moitié du chemin au-devant des bons gouvernements? Que si cette amélioration doit venir des princes, que l'on commence donc par rendre leur éducation meilleure; car on a trop longtemps commis cette faute grave de ne jamais leur résister pendant leur jeunesse. Un arbre qui pousse isolé au milieu d'un champ perd sa rectitude en croissant et étend ses branches au loin; au contraire celui qui croît au milieu d'une forêt se conserve droit, à cause de la résistance que lui opposent les arbres voisins, et il cherche au-dessus de lui l'air et le soleil. Il en est de même des princes. Mais il vaut encore mieux qu'ils soient élevés par quelqu'un de leurs sujets que par leurs égaux. — On ne peut attendre le bien d'en haut qu'autant que l'éducation y sera la meilleure. Il faut donc compter ici plutôt sur les efforts des particuliers que sur le concours des princes, comme l'ont pensé *Basedow** et d'autres; car l'expérience nous enseigne que ces derniers ont moins en vue dans l'éducation le bien du monde que celui de leur État, et n'y voient qu'un moyen d'arriver à leurs fins. S'ils donnent de l'argent pour cet objet, ils se réservent le droit de tracer le plan qui leur convient. Il en est de même pour tout ce qui concerne la culture de l'esprit humain et le développement des connaissances humaines. Le pouvoir et l'argent ne les procurent pas, ils les facilitent tout au plus; mais ils pourraient les procurer, si l'État ne prélevait les impôts uniquement dans l'intérêt de sa caisse. Aussi les Académies ne l'ont-elles pas fait jusqu'ici, et il y a aujourd'hui moins d'apparence que jamais qu'elles commencent à le faire.

C'est pourquoi la direction des écoles ne devrait dépendre que du jugement des connaisseurs les plus éclairés. Toute culture commence par les particuliers, et part de là pour s'étendre. La nature humaine ne peut se rapprocher peu à peu de sa fin que grâce aux efforts des personnes qui sont douées de sentiments assez étendus pour prendre intérêt au bien du monde et qui sont capables de concevoir un état meilleur comme possible dans l'avenir. Cependant plus d'un grand ne considère son peuple en quelque sorte que comme une partie du règne animal et n'a autre chose en vue que sa propagation. Tout au plus lui désire-t-il une certaine habileté, mais uniquement pour pouvoir faire de ses sujets des instruments mieux appropriés à ses desseins. Les particuliers doivent aussi sans doute avoir d'abord devant les yeux le but de la nature physique, mais ils doivent songer surtout au développement de l'humanité et veiller à ce qu'elle ne devienne pas seulement plus habile, mais aussi plus morale, et, ce qui est le plus difficile, à ce que la postérité puisse aller plus loin qu'ils ne sont allés eux-mêmes.

L'éducation doit donc, 1° *discipliner* les hommes. Les discipliner, c'est chercher à empêcher que ce qu'il y a d'animal en eux n'étouffe ce qu'il y a d'humain, aussi bien dans l'homme individuelque dans l'homme social. La discipline consiste donc simplement à les dépouiller de leur sauvagerie.

2° Elle doit les *cultiver*. La culture comprend l'instruction et les divers enseignements. C'est elle qui donne l'habileté *. Celle-ci est la possession d'une aptitude suffisante pour toutes les fins qu'on peut avoir à se proposer. Elle ne détermine donc elle-même aucune fin, mais elle laisse ce soin aux circonstances.

Certains arts sont bons dans tous les cas, par exemple ceux de lire et d'écrire ; d'autres ne le sont que relativement à quelques fins, comme celui de la musique, qui fait aimer celui qui le possède. L'habileté est en sorte infinie, à cause de la multitude des fins qu'on peut se proposer.

3° Il faut aussi veiller à ce que l'homme acquière de

la *prudence**, à ce qu'il sache vivre dans la société de ses semblables de manière à se faire aimer et à avoir de l'influence. C'est ici que se place cette espèce de culture qu'on appelle la *civilisation**. Elle exige certaines manières, de la politesse et cette prudence qui fait qu'on peut se servir de tous les hommes pour ses propres fins. Elle se règle sur le goût changeant de chaque siècle. Ainsi l'on aimait encore il y a quelques années les cérémonies en société.

4° On doit enfin veiller à la moralisation *. Il ne suffit pas en effet que l'homme soit propre à toutes sortes de fins; il faut encore qu'il sache se faire une maxime de n'en choisir que de bonnes. Les bonnes fins sont celles qui sont nécessairement approuvées par chacun, et qui peuvent être en même temps des fins pour chacun.

(SOMMAIRE. — Qu'on néglige trop l'éducation morale, p. 52. — De l'expérience en matière d'éducation, p. 53.)

On peut ou bien dresser *, façonner, instruire l'homme d'une manière toute mécanique, ou bien l'éclairer véritablement. On dresse des chevaux, des chiens, et l'on peut aussi dresser des hommes.

Il ne suffit pas de dresser les enfants; il importe surtout qu'ils apprennent à *penser**. Il faut avoir en vue les principes d'où dérivent toutes les actions. On voit donc combien de choses exige une véritable éducation. Mais dans l'éducation privée la quatrième condition, qui est la plus importante, est ordinairement assez négligée ; car on enseigne aux enfants ce que l'on regarde comme essentiel, et l'on abandonne au prédicateur la moralisation. Cependant combien n'est-il pas important d'apprendre aux enfants à haïr le vice, non pas pour cette seule raison que Dieu l'a défendu, mais parce qu'il est méprisable par lui-même ! Autrement ils s'y laissent aisément entraîner en pensant que cela pourrait bien être permis si Dieu ne l'avait pas défendu, et qu'il peut bien faire une exception en leur faveur. Dieu, qui est l'être saint par excellence, ne veut que ce qui est bon : il veut que nous pratiquions la vertu à cause d'elle-même et non parce qu'il l'exige.

Nous vivons dans une époque de discipline, de culture et de civilisation, mais qui n'est pas encore celle de la moralisation. Dans l'état actuel des choses, on peut dire que le bonheur des États croît en même temps que le malheur des hommes. Et c'est encore une question de savoir si nous ne serions pas plus heureux dans l'état barbare, où toute la culture qui est chez nous n'existe pas, que dans notre état actuel. Car comment peut-on rendre les hommes heureux, si on ne les rend moraux et sages ? La quantité du mal n'en sera pas diminuée.

Il faut d'abord instituer des écoles expérimentales avant de pouvoir en fonder de normales. L'éducation et l'instruction ne doivent pas être purement mécaniques, mais reposer sur des principes. Pourtant elles ne doivent pas être non plus une affaire de pur raisonnement, mais aussi, en un certain sens, un mécanisme. Il n'y a guère en Autriche que des écoles normales, établies sur un plan contre lequel on a élevé avec raison beaucoup d'objections et auquel on pouvait surtout reprocher de n'être qu'un mécanisme aveugle. Toutes les autres écoles devaient se régler sur celles-là, et l'on se refusait même à employer les gens qui n'avaient pas été dans ces écoles. De telles prescriptions montrent combien le gouvernement se mêle de ces choses, et il est impossible qu'avec une pareille contrainte on puisse arriver à quelque chose de bon.

On se figure ordinairement qu'il n'est pas nécessaire de faire des expériences en matière d'éducation, et que l'on peut juger par la raison seule si une chose sera bonne ou non. Mais on se trompe beaucoup en cela, et l'expérience enseigne que nos tentatives ont souvent amené des effets tout opposés à ceux que l'on attendait. On voit donc que, l'expérience étant ici nécessaire, nulle génération d'hommes ne peut tracer un plan d'éducation complet. La seule école expérimentale qui ait commencé ici en quelque sorte à frayer la route, a été l'*Institut de Dessau* *. Malgré les nombreux défauts qu'on pourrait lui reprocher, mais qui se rencontrent dans tous les essais auxquels on se livre, il faut lui accorder cette gloire, qu'il n'a pas cessé de susciter de nouvelles tentatives. Il a été d'une certaine manière la seule école où les maîtres eussent la liberté de travailler d'après leurs propres méthodes et leurs propres plans, et où ils fussent unis entre eux, ainsi qu'avec tous les savants de l'Allemagne.

(SOMMAIRE. — De la culture négative et positive, p. 54. — De l'éducation privée et publique, p. 55. — Combien de temps doit durer l'éducation, p. 56. — De la soumission, p. 57. — Comment concilier la soumission et la liberté, p. 57.)

L'éducation comprend les *soins* qu'exige l'enfance et la *culture*. Celle-ci est, 1° *négative* : c'est alors la discipline, laquelle se borne à empêcher les fautes; 2° *positive* : c'est l'instruction et la direction *, et sous ce rapport elle mérite bien le nom de culture. La *direction* est ce qui sert de guide dans la pratique de ce que l'on veut apprendre. D'où la différence entre le précepteur, lequel est simplement un professeur, et le gouverneur *, qui est un directeur *. Le premier donne uniquement l'éducation de l'école; le second celle de la vie.

La première époque chez l'élève est celle où il doit montrer de la soumission et une obéissance passive, la seconde celle où on lui laisse déjà faire usage de sa réflexion et de sa liberté, mais à la condition qu'il les soumette à des lois. Dans la première il y a contrainte mécanique; dans la seconde, contrainte morale.

L'éducation est ou *privée* ou *publique*. La dernière ne se rapporte qu'à l'enseignement, et celui-ci peut toujours rester public. La pratique des préceptes est laissée à la première. Une éducation publique complète est celle qui réunit les deux choses : l'instruction et la culture morale. Son but est de provoquer une bonne éducation privée. Une école où cela se pratique s'appelle un institut d'éducation. Il ne peut y avoir beaucoup d'instituts de ce genre, et ils ne sauraient admettre un bien grand nombre d'élèves; car ils sont très coûteux et leur seul établissement demande déjà beaucoup d'argent. Il en est de ces instituts comme des arsenaux et des hôpitaux. Les édifices qu'ils exigent et le traitement des directeurs, des surveillants et des domestiques prennent déjà la moitié de l'argent destiné à cet usage, et il est prouvé que, si l'on remettait cet argent aux pauvres dans leurs maisons, ils seraient beaucoup mieux soignés. — Il est difficile aussi d'obtenir des riches qu'ils envoient leurs enfants dans ces instituts.

Le but de ces instituts publics est le perfectionnement de l'éducation domestique. Si les parents ou ceux qui leur viennent en aide dans l'éducation de leurs enfants avaient reçu eux-mêmes une bonne éducation, la dépense des instituts publics pourrait n'être plus nécessaire. C'est là qu'on doit faire des essais et former des sujets, et c'est de là que pourra sortir ensuite une bonne éducation domestique.

L'éducation privée est donnée ou par les parents eux-mêmes, ou, quand par hasard ceux-ci n'en ont pas le temps, la capacité ou le goût, par d'autres personnes qui leur servent d'auxiliaires moyennant une rétribution. Mais cette éducation donnée ainsi par des auxiliaires présente ce très grave inconvénient que l'autorité s'y trouve partagée entre les parents et les maîtres. L'enfant doit se conduire d'après les préceptes de ses maîtres, et il faut aussi qu'il suive les caprices de ses parents. Dans une éducation de ce genre, il est nécessaire que les parents abandonnent toute leur autorité aux maîtres.

Mais jusqu'à quel point l'éducation privée est-elle préférable à l'éducation publique, ou la seconde à la première? En général l'éducation publique semble plus avantageuse que l'éducation domestique non seulement sous le rapport de l'habileté, mais aussi sous celui du vrai caractère [*] d'un citoyen. L'éducation domestique, loin de corriger les défauts de famille, les augmente.

Combien de temps doit durer l'éducation? Jusqu'à l'époque où la nature même a voulu que l'homme se conduisît lui-même, où se développe en lui l'instinct du sexe, où il peut lui-même devenir père et être chargé à son tour d'une éducation à faire, c'est-à-dire environ jusqu'à la seizième année. Après cette époque, on peut bien encore avoir recours à des maîtres qui continuent de le cultiver, et le soumettre à une discipline secrète, mais il n'y a plus d'éducation régulière à lui donner.

La soumission de l'élève est ou *positive*, — en ce sens qu'il doit faire ce qui lui est prescrit, puisqu'il ne peut juger par lui-même et que la faculté d'imitation existe encore en lui; — ou *négative*, en ce sens qu'il doit faire ce que désirent les autres, s'il veut qu'à leur tour ceux-ci fassent quelque chose pour lui plaire. Il est exposé, dans le premier cas, à être puni; dans le second, à ne pas obtenir ce qu'il désire; il est ici, bien qu'il puisse déjà penser, sous la dépendance de son plaisir.

Un des plus grands problèmes de l'éducation est de concilier sous une contrainte légitime la soumission avec la faculté de se servir de sa liberté. Car la contrainte est nécessaire. Mais comment cultiver la liberté par la contrainte? Il faut que j'accoutume mon élève à souffrir que sa liberté soit soumise à une contrainte, et qu'en même temps je l'instruise à en faire lui-même un bon usage. Sans cela il n'y aurait en lui que pur mécanisme; l'homme privé d'éducation ne sait pas se servir de sa liberté. Il est nécessaire qu'il sente de bonne heure la résistance inévitable de la société, afin d'apprendre combien il est difficile de se suffire à soi-même, de supporter les privations et d'acquérir de quoi se rendre indépendant.

On doit observer ici les règles suivantes : 1° Il faut laisser l'enfant libre dès sa première enfance et dans tous les moments (excepté dans les circonstances où il peut se nuire à lui-même, comme par exemple s'il vient à saisir un instrument tranchant), mais à la condition qu'il ne fasse pas lui-même obstacle à la liberté d'autrui, comme par exemple quand il crie, ou que sa gaieté se manifeste d'une manière trop bruyante et qu'il incommode les autres. 2° On doit lui montrer qu'il ne peut arriver à ses fins qu'à la condition de laisser les autres arriver aussi aux leurs, par exemple qu'on ne fera rien d'agréable pour lui s'il ne fait pas lui-même ce que l'on désire, qu'il faut qu'il s'instruise, etc. 3° Il faut lui prouver que la contrainte qu'on lui impose a pour but de lui apprendre à faire usage de sa propre liberté, qu'on le cultive afin qu'il puisse un jour être libre, c'est-à-dire se passer du secours d'autrui. Ce dernier point est le plus tardif à frapper l'esprit des enfants : ils ne font que très tard cette réflexion, qu'ils auront par exemple un jour à s'occuper eux-mêmes de leur entretien. Ils pensent qu'il en sera toujours comme dans la maison de leurs parents, où on leur donne à manger et à boire sans qu'ils aient à s'en occuper. Or, sans cette idée, les enfants, surtout ceux des riches et les fils des princes, restent toute leur vie des enfants, comme les habitants d'Otahiti. L'éducation publique a ici évidemment les plus grands avantages : on y apprend à connaître la mesure de ses forces et les limites que nous impose le droit d'autrui. On n'y jouit d'aucun privilège, car on y sent partout la résistance, et l'on ne s'y fait remarquer que par son mérite. Cette éducation est la meilleure image de la vie du citoyen.

. . . .

TRAITÉ

(SOMMAIRE. — Distinction de l'éducation physique et de l'éducation pratique; des différentes formes de culture, p. 59.)

La pédagogie ou la science de l'éducation est ou *physique** ou *pratique**. L'éducation *physique* est celle que l'homme partage avec les animaux, c'est-à-dire les soins qu'il exige. L'éducation *pratique* ou *morale** est celle dont l'homme a besoin de recevoir la culture pour pouvoir vivre ou être libre. (On nomme *pratique* tout ce qui a rapport à la liberté.) C'est l'éducation de la personnalité, l'éducation d'un être libre, qui peut se suffire à lui-même et tenir sa place dans la société, mais qui est capable aussi d'avoir par lui-même une valeur intérieure.

D'après cela l'éducation se compose : 1° de la culture *scolastique** et *mécanique*, qui se rapporte à l'habileté : elle est alors *didactique** (c'est l'œuvre du professeur); 2° de la culture *pragmatique**, qui se rapporte à la prudence (c'est la tâche du gouverneur); 3° de la culture *morale*, qui se rapporte à la moralité.

L'homme a besoin de la culture *scolastique* ou de l'instruction pour être capable d'atteindre toutes ses fins. Elle lui donne une valeur comme individu. La culture de la *prudence* le prépare à l'état de citoyen, car elle lui donne une valeur publique. Il apprend par là aussi bien à amener à ses fins la société civile qu'à s'y conformer lui-même. La culture *morale* enfin lui donne une valeur qui regarde l'espèce humaine tout entière.

La culture scolastique est la première en date. En effet, la prudence présuppose toujours l'habileté. La prudence est le talent de bien employer son habileté. La culture morale, en tant qu'elle repose sur des principes, que l'homme lui-même doit apercevoir, est la dernière; mais en tant qu'elle repose uniquement sur le sens commun, elle doit être pratiquée dès le début, même dans l'éducation physique, sans quoi plus d'un défaut s'enracinerait si bien qu'il rendrait ensuite inutiles tous les efforts et tout l'art de l'éducation. Quant à l'habileté et à la prudence, il faut suivre en tout les années. Se montrer dans l'enfance habile, prudent, patient, sans malice, comme un homme, cela ne vaut guère mieux que de conserver dans l'âge mûr la sensibilité d'un enfant.

A. — DE L'ÉDUCATION PHYSIQUE

Quoique celui qui entreprend une éducation à titre de gouverneur ne prenne pas assez tôt la direction des enfants pour pouvoir aussi donner ses soins à leur éducation physique, il lui est cependant utile de savoir tout ce qu'il est nécessaire de faire en matière d'éducation depuis le commencement jusqu'à la fin. Lors même qu'un gouverneur n'a affaire qu'à de grands enfants, il peut arriver qu'il voie naître de nouveaux enfants dans la famille, et, s'il a mérité par sa bonne conduite d'être le confident des parents, ils ne manquent pas de le consulter sur l'éducation physique de leurs enfants ; il est souvent d'ailleurs le seul savant de la maison. Le gouverneur a donc besoin aussi de connaissances sur ce sujet.

L'éducation physique ne consiste proprement que dans les soins donnés soit par les parents, soit par les nourrices, soit par les gardiennes. La nourriture que la nature a destinée à l'enfant est le lait de sa mère. C'est un préjugé de croire que l'enfant suce en quelque sorte ses sentiments avec le lait maternel, quoiqu'on entende souvent dire : Tu as sucé cela avec le lait de ta mère. Mais il est très important pour la mère et pour l'enfant qu'elle nourrisse elle-même. Toutefois il faut admettre ici des exceptions, dans certains cas extrêmes, causés par un état de maladie. On croyait autrefois que le premier lait que donne la mère après l'enfantement et qui ressemble à du petit-lait est nuisible à l'enfant. Mais *Rousseau* appela le premier l'attention de la médecine sur la question de savoir si ce premier lait ne serait pas bon aussi pour l'enfant, puisque la nature n'a rien fait en vain. Et l'on a réellement trouvé que ce lait chasse on ne saurait mieux les ordures que contient le corps du nouveau-né, ou ce que les médecins appelient le méconium, et qu'il est ainsi très bon pour les enfants.

On a élevé la question de savoir si l'on peut nourrir également les enfants avec du lait d'animal. Le lait de tous les animaux herbivores ou vivant de végétaux se caille très vite quand on y ajoute quelque acide, par exemple de l'acide tartrique ou de l'acide citrique, ou particulièrement la présure de la caillette de veau. Or, lorsque la mère ou la nourrice s'est nourrie pendant plusieurs jours de végétaux exclusivement, son lait se caille aussi bien que le lait de vache, etc.; mais si elle se remet à manger de la viande pendant quelque temps il redevient aussi bon qu'auparavant. On en a conclu que ce qui convenait le mieux à l'enfant, c'était que la mère ou la nourrice mangeassent de la viande pendant le temps qu'elles nourrissent. Quand les enfants rendent le lait qu'ils ont sucé, on voit qu'il est caillé. L'acide contenu dans leur estomac doit donc faire cailler le lait plus encore que tous les autres, puisque autrement le lait de la femme n'aurait nullement la propriété de se cailler. Combien donc ne serait-il pas plus contraire à leur santé de leur donner du lait qui se caillât déjà par lui-même! Mais on voit par les autres nations que tout ne dépend pas de là. Les Tongouses*, par exemple, ne mangent guère que de la viande, et ce sont des gens forts et sains. Mais aussi tous les peuples de ce genre ne vivent pas longtemps, et l'on peut soulever, sans beaucoup de peine, un grand jeune homme qu'on ne croirait pas léger à le voir. Les Suédois, au contraire, mais particulièrement les nations des Indes, ne mangent presque pas de viande, et cependant les hommes s'y élèvent très bien. Il semble donc que tout dépende de la santé de la nourrice, et que la meilleure nourriture soit celle avec laquelle elle se porte le mieux.

Ici se place la question de savoir ce que l'on choisira pour nourrir l'enfant lorsque le lait maternel aura cessé. On a essayé depuis quelque temps de toutes sortes de bouillies; mais il n'est pas bon de donner à l'enfant des aliments de ce genre dès le début. Il faut surtout éviter de lui donner rien de piquant, comme du vin, des épices, du sel, etc. Il n'est pas d'ailleurs étonnant que les enfants montrent tant de goût pour ces sortes de choses. La raison en est qu'elles donnent à leurs sensations encore obtuses une excitation et une animation qui leur est agréable. Les enfants en Russie tiennent sans doute de leurs mères, qui aiment à boire de l'eau-de-vie, le même genre de goût, et l'on remarque que les Russes sont sains et forts. Certes ceux qui supportent ce régime doivent être d'une forte constitution, mais aussi il en meurt beaucoup qui auraient pu vivre sans cela. En effet une excitation prématurée des nerfs entraîne beaucoup de désordres. Il faut même avoir bien soin de ne pas donner aux enfants des boissons ou des aliments trop chauds, car cela les affaiblit.

Il est à remarquer en outre qu'on ne doit pas tenir les enfants très chaudement, car leur sang est déjà par lui-même beaucoup plus chaud que celui des adultes. La chaleur du sang chez les enfants est de 110° Farenheit, et le sang des adultes n'a que 90°. L'enfant étouffe dans une atmosphère où de plus âgés se trouvent très bien. Les habitations fraîches rendent en général les hommes forts. Il n'est même pas bon pour les adultes de s'habiller trop chaudement, de se couvrir, de s'habituer à des boissons trop chaudes. Aussi faut-il donner aux enfants une couche fraîche et dure. Les bains froids aussi sont bons. On ne doit employer aucun excitant pour faire naître l'appétit chez l'enfant; il faut au contraire que l'appétit soit toujours l'effet de l'activité et de l'occupation. Il ne faut pas laisser prendre aux enfants des habitudes qui deviennent ensuite des besoins. Même dans ce qui est bien, n'employez pas votre art à leur faire de tout une habitude.

Les peuples barbares ne connaissent pas l'usage des *maillots*. Les sauvages de l'Amérique, par exemple, creusent pour leurs jeunes enfants des trous dans la terre; ils en garnissent le fond avec de la poussière de vieux arbres, afin que l'urine et les immondices s'y absorbent, et que les enfants puissent ainsi rester secs, et ils les couvrent de feuilles; mais, du reste, ils laissent à leurs enfants le libre usage de leurs membres. Si nous enveloppons les enfants comme des momies, c'est simplement pour notre propre commodité, afin de nous dispenser de veiller à ce qu'ils ne s'estropient pas, et c'est pourtant ce qui arrive souvent par l'effet des maillots. Ils sont d'ailleurs très douloureux pour les enfants eux-mêmes, et ils les jettent dans une sorte de désespoir en les empêchant de se servir de leurs membres. On croit alors pouvoir apaiser leurs cris en leur adressant certaines paroles. Mais que l'on enveloppe ainsi un homme fait, et l'on verra s'il ne crie pas aussi et s'il ne tombe pas aussi dans le chagrin et le désespoir.

En général il faut remarquer que la première éducation doit être purement négative, c'est-à-dire qu'on ne doit rien ajouter aux précautions qu'a prises la nature, mais se borner à ne pas détruire son œuvre. S'il y a un art permis dans l'éducation, c'est celui qui a pour but d'endurcir les enfants. — Il faut donc rejeter les maillots. Si cependant on veut prendre quelque précaution, ce qu'il y a de plus convenable est une espèce de boîte garnie de lanières par en haut. Les Italiens s'en servent et la nomment *arcuccio*. L'enfant reste toujours dans cette boîte et on l'y laisse même pour l'allaiter. On empêche même par là que la mère, en s'endormant la nuit pendant l'allaitement, n'étouffe son enfant. Chez nous beaucoup d'enfants périssent de cette façon. Cette précaution est donc préférable au maillot, car les enfants ont par là une plus grande liberté, et elle les empêche de se déformer comme il arrive souvent par l'effet même du maillot.

Une autre habitude dans la première éducation, c'est de *bercer* les enfants. Le moyen le plus simple est celui qu'emploient quelques paysans. Ils suspendent le berceau à des poutres au moyen d'une corde, et ils n'ont alors qu'à le pousser : le berceau se balance de lui-même. Mais en général le bercement ne vaut rien. On voit même chez de grandes personnes que le balancement produit l'étourdissement et une disposition à vomir. On veut étourdir ainsi les enfants afin de les empêcher de crier. Mais les cris leur sont salutaires. En sortant du sein maternel, où ils n'ont joui d'aucun air, ils respirent leur premier air. Or le cours du sang modifié par là produit en eux une sensation douloureuse. Mais par leurs cris ils facilitent le déploiement des parties intérieures et des canaux de leurs corps. On rend un très mauvais service aux enfants en cherchant à les apaiser aussitôt qu'ils crient, par exemple en leur chantant quelque chose, comme les nourrices ont l'habitude de le faire, etc. C'est là ordinairement la première dépravation de l'enfant ; car, quand il voit que tout cède à ses cris, il les répète plus souvent.

On peut dire avec vérité que les enfants des gens ordinaires sont beaucoup plus mal élevés que ceux des grands; car les gens ordinaires jouent avec leurs enfants comme des singes. Ils chantent devant eux, il les embrassent, ils les baisent, ils dansent avec eux. Ils pensent donc agir dans leur intérêt en courant à eux aussitôt qu'ils crient, en les faisant jouer, etc. ; mais les enfants n'en crient que plus souvent. Quand au contraire on ne s'occupe pas de leurs cris, ils finissent par ne plus crier. Il n'y a personne en effet qui se donne volontiers une peine inutile. Si on les accoutume à voir tous leurs caprices satisfaits, il sera ensuite trop tard pour tenter de briser leur volonté. Qu'on les laisse crier, ils en seront bientôt fatigués eux-mêmes. Mais si l'on cède à tous leurs caprices dans la première jeunesse, on perd par là leur cœur et leurs mœurs.

L'enfant n'a sans doute encore aucune idée des mœurs; mais on gâte ses dispositions naturelles en ce sens qu'il faut ensuite lui appliquer de très dures punitions afin de réparer le mal. Lorsque l'on veut plus tard déshabituer les enfants de voir tous leurs caprices aussitôt satisfaits, ils montrent dans leurs cris une rage dont on ne croirait capables que de grandes personnes, et qui ne reste sans effet que parce que les forces leur manquent. Tant qu'ils n'ont qu'à crier pour obtenir tout ce qu'ils veulent, ils dominent en vrais despotes. Quand cesse cette domination, ils en sont tout naturellement contrariés. Et lorsque même de grandes personnes ont été longtemps en possession d'une certaine puissance, n'est-ce pas pour elles une chose pénible que de se voir tout à coup forcées de s'en déshabituer?

Pendant les trois premiers mois environ de leur première année, les enfants n'ont pas la vue formée. Ils ont bien la sensation de la lumière, mais ils ne peuvent pas distinguer les objets les uns des autres. Il est facile de s'en convaincre en leur montrant quelque chose de brillant : ils ne le suivent pas des yeux. Avec la vue se développe aussi la faculté de rire et de pleurer. Or, lorsque l'enfant est parvenu à cet état, il crie avec réflexion, si obscure que soit encore cette réflexion. Il pense toujours qu'on veut lui faire du mal. *Rousseau* remarque que, quand on frappe dans la main d'un enfant qui n'est âgé que d'environ six mois, il crie comme si un tison ardent lui était tombé sur la main. Il y joint déjà réellement une idée d'offense. Les parents parlent ordinairement beaucoup de briser la volonté de leurs enfants. Mais on n'a pas besoin de briser leur volonté quand on ne les a pas gâtés d'abord. Or la première origine du mal, c'est de se faire l'esclave de leur volonté et de leur laisser croire qu'ils peuvent tout obtenir par leurs cris. Il est plus tard extrêmement difficile de réparer ce mal, et à peine y parvient-on. On peut bien faire que l'enfant se tienne tranquille, mais il dévore sa douleur et n'en nourrit que mieux intérieurement sa colère. On l'habitue par là à la dissimulation et aux émotions intérieures. Il est par exemple très étrange que des parents, après avoir battu de verges leurs enfants, exigent que ceux-ci leur baisent les mains. On leur fait ainsi une habitude de la dissimulation et de la fausseté. Les verges ne sont pas un si beau cadeau, pour que l'enfant en témoigne beaucoup de reconnaissance, et il est aisé de penser de quel cœur il baise alors la main qu'on lui présente.

On se sert ordinairement de *lisières* et de *roulettes* pour apprendre aux enfants à marcher. Mais n'est-il pas singulier de vouloir apprendre à marcher à un enfant? Comme si un homme ne pouvait marcher sans instruction. Les lisières sont surtout très dangereuses. Un écrivain s'est plaint autrefois de l'étroitesse de sa poitrine, qu'il attribuait uniquement aux lisières; car, comme un enfant saisit tout et ramasse tout, il s'appuie de la poitrine sur ses lisières. Mais, comme elle n'est pas encore large, elle s'aplatit et conserve ensuite cette forme. Avec tous ces moyens les enfants n'apprennent pas à marcher aussi sûrement que s'ils l'apprenaient d'eux-mêmes. Le mieux est de les laisser se traîner par terre jusqu'à ce que peu à peu ils commencent à marcher par eux-mêmes. On peut prendre la précaution de garnir la chambre de couvertures de laine, afin qu'ils ne se déchirent pas ou ne tombent pas si durement.

On dit ordinairement que les enfants tombent très lourdement. Mais, outre qu'ils peuvent bien parfois ne pas tomber lourdement, il n'est pas mal qu'ils tombent quelquefois. Ils n'en apprennent que mieux à garder l'équilibre et à s'appliquer à rendre leur chute moins dangereuse. On leur met ordinairement ce que l'on appelle des bourrelets, qui sont assez proéminents pour que l'enfant ne puisse jamais tomber sur son visage. Mais c'est une éducation négative que celle qui consiste à employer des instruments artificiels, là où l'enfant en a de naturels. Ici les instruments naturels sont les mains, que l'enfant place devant lui en tombant. Plus on emploie d'instruments artificiels, moins l'homme peut ensuite se passer d'instruments.

En général il serait mieux d'employer d'abord peu d'instruments, et de laisser davantage les enfants apprendre par eux-mêmes; ils apprendraient alors beaucoup de choses plus solidement. Il serait possible, par exemple, que l'enfant apprît par lui-même à écrire. Car quelqu'un l'a bien trouvé une fois, et cette découverte n'est pas en effet si difficile. Il suffirait par exemple de dire à l'enfant qui veut du pain : Pourrais-tu bien le figurer? Il dessinerait une figure ovale. On lui dirait alors qu'on ne sait pas s'il a voulu représenter du pain ou une pierre; il essayerait ainsi de tracer le B, et de cette manière il se ferait à lui-même son propre A B C, qu'il pourrait ensuite échanger contre d'autres signes.

Il y a des enfants qui viennent au monde avec certaines imperfections. On n'a pas alors les moyens de corriger ces formes vicieuses. Il est prouvé par les recherches d'un grand nombre de savants écrivains que les corsets ne peuvent être ici d'aucun secours, mais qu'ils ne servent qu'à aggraver le mal, en empêchant la circulation du sang et des humeurs, ainsi que le développement si nécessaire des parties extérieures et intérieures du corps. Lorsque l'enfant reste libre, il exerce encore son corps, mais un individu qui porte un corset est, lorsqu'il le dépose, beaucoup plus faible que celui qui n'en a jamais porté. On ferait peut-être une chose utile à ceux qui ne sont pas nés droits, en plaçant un plus grand poids du côté où leurs muscles sont plus forts. Mais cela aussi est très dangereux; car quel homme peut se flatter de rétablir l'équilibre? Le mieux est que l'enfant s'exerce lui-même et prenne une position, quand même elle serait pénible, car toutes les machines ne font rien ici.

Tous ces appareils artificiels sont d'autant plus funestes qu'ils vont directement contre le but que se propose la nature dans les êtres organisés et raisonnables : elle demande qu'on leur laisse la liberté d'apprendre à se servir de leurs forces. Tout ce que doit faire l'éducation, c'est d'empêcher les enfants de devenir trop mous. La dureté est le contraire de la mollesse. C'est beaucoup trop risquer que de vouloir accoutumer les enfants à tout. L'éducation des Russes va très loin en ce sens. Aussi meurt-il chez eux un nombre incroyable d'enfants. L'habitude est une jouissance ou une action qui est devenue une nécessité par la répétition fréquente de cette jouissance ou de cette action. Il n'y a rien à quoi les enfants s'habituent plus aisément et il n'y a rien qu'on doive moins leur donner que des choses piquantes, par exemple du tabac, de l'eau-de-vie et des boissons chaudes. Il est ensuite très difficile de s'en déshabituer, et cela occasionne d'abord quelque incommodité, parce que la jouissance répétée introduit un changement dans les fonctions de notre corps.

Plus un homme a d'habitudes, moins il est libre et indépendant. Il en est des hommes comme des autres animaux : ils conservent plus tard un certain penchant pour ce à quoi on les a de bonne heure accoutumés. Il faut donc empêcher les enfants de s'accoutumer à quelque chose, et ne laisser naître en eux aucune habitude.

Beaucoup de parents veulent accoutumer leurs enfants à tout. Cela ne vaut rien. Car la nature humaine en général et en particulier celle des divers individus ne se prête pas à tout. et beaucoup d'enfants en restent à l'apprentissage. On veut, par exemple, que les enfants puissent dormir et se lever à toute heure, ou qu'ils mangent à volonté. Mais il faut, pour pouvoir supporter cela, un régime particulier, un régime qui fortifie le corps et répare le mal que fait ce système. Nous trouvons d'ailleurs dans la nature bien des exemples de périodicité. Les animaux ont aussi leur temps déterminé pour le sommeil. L'homme devrait également s'accoutumer à dormir à de certaines heures, afin de ne pas déranger son corps dans ses fonctions. Quant à l'autre chose, qui est que les enfants puissent manger en tout temps, on ne peut pas citer ici l'exemple des animaux. Car, comme la nourriture que prennent les animaux herbivores, par exemple, est peu nutritive, manger est chez eux une occupation ordinaire. Mais il est très avantageux pour l'homme de manger toujours à des moments déterminés. De même certains parents veulent que leurs enfants puissent supporter de grandes chaleurs, les mauvaises odeurs, tous les bruits, etc. Mais cela n'est pas le moins du monde nécessaire; le tout est qu'ils ne prennent aucune habitude. Et pour cela il est bon de placer les enfants en différents états.

Un lit dur est beaucoup plus sain qu'un lit mou. En général une éducation dure sert beaucoup à fortifier le corps. Par éducation dure j'entends simplement celle qui fait qu'on ne s'habitue point à avoir toutes ses aises. Il ne manque pas d'exemples remarquables pour confirmer cette assertion; mais malheureusement on ne les voit pas, ou, pour parler plus exactement, on ne veut pas les voir.

Pour ce qui est de la culture de l'esprit, que l'on peut bien aussi d'une certaine manière appeler physique, il faut surtout prendre garde que la discipline ne traite les enfants en esclaves, et faire en sorte qu'ils sentent toujours leur liberté, mais de manière à ne pas nuire à celle d'autrui; d'où il suit qu'on doit aussi les accoutumer à rencontrer de la résistance. Bien des parents refusent tout à leurs enfants, afin d'exercer ainsi leur patience, et ils en exigent plus d'eux qu'ils n'en ont eux-mêmes. Cela est cruel. Donnez à l'enfant ce dont il a besoin, et dites-lui ensuite : « Tu en as assez. » Mais il est absolument nécessaire que cela soit irrévocable. Ne faites aucune attention aux cris des enfants, et ne leur cédez pas, lorsqu'ils croient pouvoir vous arracher quelque chose par ce moyen; mais ce qu'ils vous demandent amicalement, donnez-le-leur, si cela leur est bon. Ils s'habitueront ainsi à être francs; et, comme ils n'importuneront personne par leurs cris, chacun en revanche sera bien disposé pour eux. La Providence semble vraiment avoir donné aux enfants une mine riante, afin qu'ils puissent séduire les gens. Rien ne leur est plus funeste qu'une discipline qui les taquine et les avilit pour briser leur volonté.

On leur crie ordinairement : « Fi! n'as-tu pas honte? Cela est indécent! » etc. Mais de telles expressions ne devraient pas se rencontrer dans la première éducation. L'enfant n'a encore aucune idée de la honte et de la décence; il n'a pas à rougir, il ne doit pas rougir, et il n'en deviendra que plus timide. Il sera embarrassé devant les autres et se cachera volontiers à leur aspect. De là naît en lui une réserve mal entendue et une fâcheuse dissimulation. Il n'ose plus rien demander, et pourtant il devrait pouvoir tout demander; il cache ses sentiments, et il se montre toujours autrement qu'il n'est, tandis qu'il devrait pouvoir tout dire franchement. Au lieu d'être toujours auprès de ses parents, il les évite et se jette dans les bras des domestiques plus complaisants.

Le badinage et de continuelles caresses ne valent guère mieux que cette éducation taquine. Cela fortifie l'enfant dans sa volonté, le rend faux, et, en lui révélant une faiblesse dans ses parents, lui enlève le respect qu'il leur doit. Mais, si on l'élève de telle sorte qu'il ne puisse rien obtenir par des cris, il sera libre sans être effronté et modeste sans être timide. On ne peut souffrir un insolent. Certains hommes ont une figure si insolente que l'on en craint toujours quelque grossièreté; en revanche il y en a d'autres qu'on juge incapables, en voyant leur visage, de dire une grossièreté à quelqu'un. On peut toujours se montrer franc, pourvu qu'on y joigne une certaine bonté. On dit souvent des grands qu'ils ont un air tout à fait royal. Mais cela n'est pas autre chose qu'un certain regard insolent, dont ils ont pris l'habitude dès leur jeunesse, parce qu'on ne leur a jamais résisté.

Tout cela n'appartient encore qu'à la culture négative. En effet, beaucoup de faiblesses de l'homme ne viennent pas de ce qu'on ne lui apprend rien, mais de ce qu'on lui communique des impressions fausses. Ainsi, par exemple, les nourrices donnent aux enfants la crainte des araignées, des crapauds, etc. Les enfants pourraient certainement chercher à prendre les araignées, comme ils font pour les autres choses. Mais, comme les nourrices, dès qu'elles aperçoivent une araignée, montrent leur frayeur par leur mine, cette frayeur se communique à l'enfant par une certaine sympathie. Beaucoup la gardent toute leur vie et se montrent en cela toujours enfants. Car les araignées sont sans doute dangereuses pour les mouches, et leur morsure est venimeuse pour elles, mais l'homme n'a rien à en craindre. Quant au crapaud, c'est un animal aussi inoffensif qu'une belle grenouille verte ou tout autre animal.

La partie positive de l'éducation physique est la *culture*. C'est par là que l'homme se distingue de l'animal. Elle consiste surtout dans l'exercice des facultés de son esprit. C'est pourquoi les parents doivent fournir à leurs enfants les occasions favorables. La première et la principale règle ici est de se passer, autant que possible, de tout instrument. C'est ainsi que l'on se passe d'abord de lisières et de roulettes, et qu'on laisse l'enfant se traîner par terre, jusqu'à ce qu'il apprenne à marcher par lui-même, car il n'en marchera que plus sûrement. Les instruments en effet ruinent l'habileté naturelle. Ainsi l'on se sert d'un cordeau pour mesurer une certaine étendue, mais on peut tout aussi bien en venir à bout avec la seule vue; on se sert d'une montre pour déterminer le temps, mais il suffirait de consulter la position du soleil; on se sert d'un compas pour connaître dans quelle région une forêt est placée, mais on peut le savoir par la position du soleil pendant le jour et par celle des étoiles pendant la nuit. Ajoutons même qu'au lieu de se servir d'une barque pour aller sur l'eau, on peut nager. L'illustre Franklin* s'étonnait que chacun n'apprît pas une chose si agréable et si utile. Il indique aussi une manière facile d'apprendre par soi-même à nager. Laissez tomber un œuf dans une rivière où, en vous tenant debout sur le fond, vous ayez au moins la tête hors de l'eau. Cherchez alors à le saisir. En vous baissant, vous faites remonter vos pieds en haut, et, afin que l'eau ne vous entre point dans la bouche, vous relevez la tête sur la nuque, et vous avez justement la position qui est nécessaire pour nager. Vous n'avez plus besoin alors que de faire agir les mains, et vous nagez. — L'essentiel est de cultiver l'habileté naturelle. Souvent une simple indication suffit : souvent l'enfant lui-même est assez inventif, et il se forge lui-même des instruments.

Ce qu'il faut observer dans l'éducation physique, par conséquent dans celle qui concerne le corps, se rapporte soit à l'usage du mouvement volontaire, soit à celui des organes des sens. Ce qui importe dans le premier cas, c'est que l'enfant s'aide toujours lui-même. Pour cela il a besoin de force, d'habileté, de vitesse, de sûreté. Par exemple on doit pouvoir traverser des passages étroits, gravir des hauteurs escarpées, d'où l'on aperçoit l'abîme devant soi, marcher sur un plancher vacillant. Quand un homme ne peut faire cela, il n'est pas complètement ce qu'il pourrait être. Depuis que le *Philanthropinon** de Dessau a donné l'exemple, beaucoup d'essais de ce genre ont été faits sur les enfants dans les autres instituts. On est très étonné quand on lit comment les Suisses s'accoutument dès leur enfance à aller sur les montagnes et jusqu'où ils poussent l'agilité, avec quelle sûreté ils traversent les passages les plus étroits et sautent par-dessus les abîmes, après avoir jugé d'un coup d'œil qu'ils ne manqueront pas de s'en bien tirer. Mais la plupart des hommes craignent une chute que leur représente leur imagination ; et cette crainte leur paralyse en quelque sorte les membres, de telle sorte qu'il y aurait en effet pour eux du danger à passer outre. Cette crainte croît ordinairement avec l'âge, et on la rencontre surtout chez les hommes qui travaillent beaucoup de la tête.

De tels essais sur des enfants ne sont réellement pas très dangereux. Car ils ont, relativement à leurs forces, un poids beaucoup moindre, et ils ne tombent pas aussi lourdement. En outre les os ne sont pas chez eux aussi roides ni aussi fragiles qu'ils le deviennent avec l'âge. Les enfants essayent eux-mêmes leurs forces. On les voit souvent, par exemple, grimper, sans même avoir de but déterminé. La course est un mouvement salutaire et qui fortifie le corps. Sauter, lever, tirer, lancer, jeter vers un but, lutter, courir, et tous les exercices de ce genre sont excellents. La danse régulière semble moins convenir aux enfants proprement dits.

L'exercice qui consiste à jeter loin et à toucher un but a aussi pour effet d'exercer les sens, particulièrement la vue. Le jeu de balle est un des meilleurs jeux pour les enfants, parce qu'il s'y joint une course salutaire. En général les meilleurs jeux sont ceux qui, outre l'habileté qu'ils développent, sont encore des exercices pour les sens, par exemple ceux qui exercent la vue à juger exactement de la distance, de la grandeur et de la proportion, à trouver la position des lieux d'après les contrées, en quoi le soleil doit nous aider, etc. Ce sont là de bons exercices. De même l'imagination locale, je veux dire l'habileté à tout se représenter dans les lieux que l'on a réellement vus, est quelque chose de très avantageux; elle donne par exemple la satisfaction de se retrouver dans une forêt, par l'observation des arbres auprès desquels on a précédemment passé. Il en est de même de la mémoire locale (*memoria localis*), à l'aide de laquelle on ne sait pas seulement dans quel livre on a lu quelque chose, mais dans quel endroit de ce livre. Ainsi le musicien a le toucher dans la tête, afin de n'avoir plus besoin de le chercher. Il est aussi très utile de cultiver l'oreille des enfants, et de leur apprendre ainsi à discerner si une chose est proche ou éloignée et de quel côté elle est.

Le jeu de colin-maillard des enfants était déjà connu chez les Grecs; c'est ce qu'ils appelaient μυίνδα παίζειν. En général les jeux d'enfants sont très universels. Ceux qui sont usités en Allemagne le sont aussi en Angleterre, en France, etc. Ils ont leur principe dans un certain penchant naturel des enfants; celui de colin-maillard, par exemple, dans le désir de savoir comment ils pourraient s'aider, s'ils étaient privés d'un de leurs sens. La toupie est un jeu particulier; cependant ces sortes de jeux enfantins fournissent aux hommes la matière de réflexions ultérieures et sont quelquefois l'occasion de découvertes importantes. Ainsi *Segner** a écrit une dissertation sur la toupie, et la toupie a fourni à un capitaine de vaisseau anglais l'occasion d'inventer un miroir au moyen duquel on peut mesurer sur un vaisseau la hauteur des étoiles.

Les enfants aiment les instruments bruyants, par exemple les petites trompettes, les petits tambours, etc. Mais ces instruments ne valent rien, car ils les rendent importuns. Cela vaudrait mieux cependant, s'ils s'apprenaient eux-mêmes à tailler un roseau, où ils pussent souffler.

La balançoire est encore un bon mouvement; les adultes même peuvent s'en servir pour leur santé: seulement les enfants ont besoin ici d'être surveillés, parce que le mouvement peut être très rapide. Le cerf-volant est également un jeu inoffensif. Il cultive l'habileté, car l'élévation du cerf-volant dépend d'une certaine position relativement au vent.

Dans l'intérêt de ces jeux, l'enfant se refuse d'autres

besoins, et il apprend ainsi insensiblement à s'imposer d'autres privations et de plus graves. De plus il s'accoutume par là à une continuelle occupation, mais ses jeux ne doivent pas non plus être de purs jeux : il faut qu'ils aient un but. En effet, plus son corps se fortifie et s'endurcit de cette manière, plus il s'assure contre les conséquences désastreuses de la mollesse. Aussi la gymnastique doit-elle se borner à guider la nature; elle ne doit pas rechercher des grâces forcées. C'est la discipline qui doit avoir le premier pas, et non pas l'instruction. Il ne faut pas oublier non plus, en cultivant le corps des enfants, qu'on les forme pour la société. *Rousseau* dit : « Vous ne parviendrez jamais à faire des sages, si vous ne faites d'abord des polissons. » Mais on fera plutôt d'un enfant éveillé un homme de bien que d'un impertinent un garçon discret. L'enfant ne doit pas être importun en société, mais il ne doit pas non plus s'y montrer insinuant. Il doit, avec ceux qui l'attirent à eux, se montrer familier, sans importunité; franc, sans impertinence. Le moyen de le conduire à ce but, c'est de ne rien gâter, de ne pas lui donner des idées de bienséance qui ne feraient que le rendre timide et sauvage, ou, qui, d'un autre côté, lui suggéreraient l'envie de se faire valoir. Rien n'est plus ridicule chez un enfant qu'une prudence de vieillard, ou qu'une sotte présomption. Dans ce dernier cas c'est notre devoir de faire d'autant plus sentir à l'enfant ses défauts, mais en ayant soin aussi de ne pas trop lui faire sentir notre domination, afin qu'il se forme par lui-même, comme un homme qui doit vivre en société; car, si le monde est assez grand pour lui, il doit l'être aussi pour les autres.

Toby, dans *Tristram Shandy**, dit à une mouche qui

l'avait longtemps importuné et qu'il laisse échapper par la fenêtre: « Va, méchant animal, le monde est assez grand pour moi et pour toi. » Chacun pourrait prendre ces paroles pour devise. Nous ne devons pas nous être à charge les uns aux autres, le monde est assez grand pour nous tous.

Nous arrivons maintenant à la culture de l'âme, que d'une certaine manière on peut aussi appeler physique. Il faut bien distinguer la nature et la liberté. Donner des lois à la liberté est tout autre chose que de cultiver la nature. La nature du corps et celle de l'âme s'accordent en cela qu'en les cultivant on doit chercher à les empêcher de se gâter, et que l'art ajoute quelque chose encore à l'une comme à l'autre.

On peut donc dans un certain sens appeler physique la culture de l'âme, tout aussi bien que celle du corps.

Cette culture physique de l'âme se distingue de la culture morale en ce qu'elle se rapporte à la nature, tandis que l'autre se rapporte à la liberté. Un homme peut être physiquement très cultivé; il peut avoir l'esprit très orné, mais manquer de culture morale, et être un méchant homme.

Il faut distinguer la culture *physique* de la culture *pratique*, qui est *pragmatique* ou *morale*. Cette dernière a plutôt pour but de *moraliser** l'homme que de le *cultiver*.

Nous diviserons la culture *physique* de l'esprit en

libre et en *scolaire*. La culture *libre* n'est en quelque sorte qu'un jeu, tandis que la culture *scolaire* est une affaire sérieuse. La première est celle qui a lieu naturellement chez l'élève; dans la seconde, il peut être considéré comme soumis à une contrainte. On peut s'occuper en jouant, cela s'appelle occuper ses loisirs; mais on peut aussi s'occuper par force, et cela s'appelle travailler. La culture scolaire sera donc un travail pour l'enfant, et la culture libre un jeu.

On a esquissé divers plans d'éducation pour chercher, ce qui est en effet très louable, quelle est la meilleure méthode d'éducation. On a imaginé, entre autres, de laisser les enfants tout apprendre, comme dans un jeu. *Lichtenberg*, dans un numéro du *Magasin de Gœttingue*, se moque de l'opinion de ceux qui veulent qu'on cherche à tout faire faire aux enfants sous forme de jeux, tandis qu'on devrait les accoutumer de très bonne heure à des occupations sérieuses, puisqu'ils doivent entrer un jour dans la vie sérieuse. Cela produit un effet détestable. L'enfant doit jouer, il doit avoir ses heures de récréation, mais il doit aussi apprendre à travailler. Il est bon sans doute d'exercer son habileté, comme de cultiver son esprit, mais ces deux espèces de culture doivent avoir leurs heures différentes. C'est déjà d'ailleurs un assez grand malheur pour l'homme que d'être si enclin à la paresse. Plus il s'est livré à ce penchant, plus il lui est ensuite difficile de se décider à travailler.

Dans le travail l'occupation n'est pas agréable par elle-même, mais on l'entreprend en vue d'autre chose. L'occupation du jeu est agréable en soi, sans qu'on ait besoin de s'y proposer aucun but. Veut-on se promener, la promenade même est le but, et c'est pourquoi plus la course est longue, plus elle nous est agréable. Mais veut-on aller quelque part, c'est que la société qui se trouve en ce lieu, ou quelque autre chose est le but de notre course, et alors nous choisissons volontiers le chemin le plus court. Ce qui précède s'applique au jeu de cartes. Il est vraiment singulier de voir comment des hommes raisonnables sont capables de rester assis et de mêler des cartes pendant des heures entières. Cela montre bien que les hommes ne cessent pas si aisément d'être enfants. Car en quoi ce jeu est-il supérieur au jeu de balle des enfants? Il est vrai que les grandes personnes ne vont pas à cheval sur des bâtons, mais elles n'en n'ont pas moins d'autres dadas.

Il est de la plus grande importance d'apprendre aux enfants à travailler. L'homme est le seul animal qui soit voué au travail. Il lui faut d'abord beaucoup de préparation pour en venir à jouir de ce qui est nécessaire à sa conservation. La question de savoir si le Ciel ne se serait pas montré beaucoup plus bienveillant à notre égard, en nous offrant toutes choses déjà préparées, de telle sorte que nous n'aurions plus besoin de travailler, cette question doit certainement être résolue négativement, car il faut à l'homme des occupations, même de celles qui supposent une certaine contrainte. Il est tout aussi faux de s'imaginer que, si Adam et Ève étaient restés dans le paradis, ils n'eussent fait autre chose que demeurer assis ensemble, chanter des chants pastoraux et contempler la beauté de la nature. L'oisiveté eût fait leur tourment tout aussi bien que celui des autres hommes.

Il faut que l'homme soit occupé de telle sorte que, tout rempli du but qu'il a devant les yeux, il ne se sente pas lui-même, et le meilleur repos pour lui est celui qui suit le travail. On doit donc accoutumer l'enfant à travailler. Et où le penchant au travail peut-il être mieux cultivé que dans l'école? L'école est une culture forcée. C'est rendre à l'enfant un très mauvais service que de l'accoutumer à tout regarder comme un jeu. Il faut sans doute qu'il ait ses moments de récréation, mais il faut aussi qu'il ait ses moments de travail. S'il n'aperçoit pas d'abord l'utilité de cette contrainte, il la reconnaîtra plus tard. Ce serait en général donner aux enfants des habitudes de curiosité indiscrète, que de vouloir toujours répondre à leurs questions : Pourquoi cela? A quoi bon? L'éducation doit être forcée, mais cela ne veut pas dire qu'elle doive traiter les enfants comme des esclaves.

Pour ce qui est de la libre culture des facultés de l'esprit, il faut remarquer qu'elle continue toujours. Elle doit avoir particulièrement en vue les facultés supérieures. On cultivera en même temps les inférieures, mais seulement en vue des supérieures, l'esprit, par exemple, en vue de l'intelligence. La règle principale à suivre ici, c'est de ne cultiver isolément aucune faculté pour elle-même, mais de cultiver chacune en vue des autres, par exemple l'imagination au profit de l'intelligence.

Les facultés inférieures n'ont par elles seules aucune valeur. Qu'est-ce, par exemple, qu'un homme qui a beaucoup de mémoire, mais peu de jugement*? Ce n'est qu'un lexique vivant. Ces sortes de bêtes de somme du Parnasse* sont d'ailleurs fort utiles; car, si elles ne peuvent elles-mêmes rien produire de raisonnable, elles apportent des matériaux avec lesquels d'autres peuvent faire quelque chose de bon. — L'esprit ne fait que des sottises, quand il n'est pas accompagné de jugement. L'entendement* est la connaissance du général. L'imagination* est l'application du général au particulier. La raison* est la faculté d'apercevoir la liaison du général avec le particulier. Cette libre culture continue son cours à partir de l'enfance jusqu'au moment où cesse pour le jeune homme toute éducation. Quand, par exemple, un jeune homme parle d'une règle générale, on peut lui faire citer des cas tirés de l'histoire ou de la Fable, où elle est déguisée, des passages de poètes où elle est exprimée, et lui donner ainsi l'occasion d'exercer son esprit, sa mémoire, etc.

La maxime *tantum scimus quantum memoria tenemus*[1] a sans doute sa vérité, et c'est pourquoi la culture de la mémoire est très nécessaire. Les choses sont ainsi faites que l'entendement suit d'abord les impressions sensibles et que la mémoire doit les conserver. C'est ce qui arrive, par exemple, pour les langues. On peut les apprendre en suivant une méthode formelle*, ou bien par la conversation, et cette dernière méthode est la meilleure en fait de langues vivantes. L'étude des vocables est certainement nécessaire, mais les enfants les apprennent bien mieux quand ils les rencontrent dans un auteur qu'on leur fait lire. Il faut que la jeunesse ait sa tâche fixe et déterminée. De même on apprend surtout la géographie au moyen d'un certain mécanisme. La mémoire aime particulièrement ce mécanisme, et dans une foule de cas il est aussi très utile. On n'a encore trouvé jusqu'ici aucun mécanisme propre à faciliter l'étude de l'histoire ; on a bien essayé de cer-

1. « Notre science se mesure à notre mémoire. »

tains tableaux, mais cela ne paraît pas avoir de très bons effets. L'histoire est un moyen excellent d'exercer l'entendement à bien juger. La mémoire est très nécessaire, mais il n'est pas bon d'en faire un simple exercice pour les enfants, par exemple de leur faire apprendre des discours par cœur. Dans tous les cas cela ne sert qu'à leur donner plus de hardiesse, et la déclamation d'ailleurs est une chose qui ne convient qu'à des hommes. Ici se placent toutes les choses que l'on n'apprend qu'en vue d'un futur examen ou pour les oublier ensuite, *in futuram oblivionem*. On ne doit occuper la mémoire que de choses que l'on est intéressé à conserver et qui ont du rapport à la vie réelle. La lecture des romans est une très mauvaise chose pour les enfants, car ils ne servent qu'à les amuser dans le moment où ils les lisent. Elle affaiblit la mémoire. Il serait en effet ridicule de vouloir les retenir et les raconter aux autres. Il faut ..nc retirer tous les romans des mains des enfants. En les lisant, ils se font à eux-mêmes dans le roman un roman nouveau, car ils en arrangent autrement les circonstances, et, laissant ainsi errer leur esprit, se repaissent de chimères.

Les distractions ne doivent jamais être tolérées, au moins dans l'école, car elles finissent par dégénérer en un certain penchant, en une certaine habitude. Aussi les plus beaux talents se perdent-ils chez un homme qui est sujet à la distraction. Quoique les enfants se distraient dans leurs récréations, ils se recueillent bientôt de nouveau ; mais on les voit surtout distraits, lorsqu'ils méditent quelque mauvais coup, car ils songent comment ils pourront le cacher ou le réparer. Ils n'entendent alors qu'à moitié, ils répondent tout de travers, ils ne savent pas ce qu'ils lisent, etc.

Il faut cultiver la mémoire de bonne heure, mais en ayant soin de cultiver en même temps l'intelligence.

On cultivera la mémoire : 1° en lui donnant à retenir les noms qui entrent dans les récits; 2° par la lecture et l'écriture; il faut exercer les enfants à lire de tête et sans avoir recours à l'épellation; 3° par les langues, que les enfants doivent apprendre en les entendant, avant d'en venir à en lire quelque chose. Ce que l'on appelle un *orbis pictus,* quand il est convenablement fait, rend alors les plus grands services, et l'on peut commencer par la botanique, par la minéralogie, et par la physique générale. Pour en retracer les objets, il faut apprendre à dessiner et à modeler, et pour cela on a besoin des mathématiques. Les premières connaissances scientifiques doivent surtout avoir pour objet la géographie, aussi bien mathématique que physique. Les récits de voyages, expliqués par des planches et des cartes, conduiront ensuite à la géographie politique. De l'état actuel de la surface de la terre, on remontera à son état primitif, et l'on arrivera à la géographie et à l'histoire anciennes, etc.

Mais il faut chercher à unir insensiblement dans l'instruction de l'enfant le savoir et le pouvoir. Entre toutes les sciences les mathématiques paraissent être le seul moyen d'atteindre parfaitement ce but. En outre, il faut unir la science et la parole (la facilité d'élocution, l'art de bien dire, l'éloquence). Mais il faut aussi que l'enfant apprenne à distinguer parfaitement la science de la simple opinion et de la croyance. On formera ainsi un esprit juste, et un goût *juste* aussi, sinon *fin* ou *délicat*. Le goût que l'on cultivera sera d'abord celui des sens, surtout des yeux, et enfin celui des idées.

Il doit y avoir des règles pour tout ce qui peut cultiver l'entendement. Il est même très utile de les abstraire, afin que l'entendement ne procède pas d'une manière seulement mécanique, mais qu'il ait conscience de la règle qu'il suit.

Il est aussi très bon de déposer les règles dans de certaines formules et de les confier ainsi à la mémoire. Avons-nous la règle dans la mémoire, et oublions-nous de l'appliquer, nous ne tardons pas du moins à la retrouver. La question est ici de savoir s'il faut commencer par étudier les règles *in abstracto*, ou si on ne doit les apprendre qu'après qu'on en possède bien l'usage; ou bien faut-il faire marcher ensemble les règles et l'usage? Ce dernier parti est le seul sage. Dans l'autre cas, l'usage demeure très incertain, tant que l'on n'est pas arrivé aux règles. Il faut aussi à l'occasion ranger les règles par classes, car on ne les retient pas, lorsqu'elles ne sont pas liées entre elles. La grammaire prendra donc nécessairement les devants à quelques égards dans l'étude des langues.

(SOMMAIRE. — Culture générale et culture particulière des facultés de l'esprit, p. 87. — Des cartes géographiques, p. 88. — Le meilleur moyen de comprendre, c'est de faire, p. 89. — Méthode socratique, p. 89. — Que la culture de la sensibilité doit être négative, p. 90. — De la patience, p. 91. — De la conduite à tenir à l'égard des jeunes enfants, p. 93. — De l'esprit d'ordre, p. 95. — De l'obéissance, p. 95. — Des punitions, p. 97. — De la véracité, p. 98. — De la sociabilité, p. 99. — De l'humeur qui convient à l'enfant, p. 100.)

Nous devons donner aussi une idée systématique de tout le but de l'éducation et de la manière de l'atteindre.

1° *Culture générale des facultés de l'esprit*, qu'il faut

bien distinguer de la culture particulière. Elle a pour but l'habileté et le perfectionnement; ce n'est pas qu'elle apprenne quelque chose de particulier à l'élève, mais elle fortifie les facultés de son esprit. Elle est :

a. ou *physique*. Ici tout dépend de la pratique et de la discipline, sans que l'enfant ait besoin de connaître aucune maxime *. Elle est *passive* pour le disciple, qui doit suivre la direction d'autrui. D'autres pensent pour lui.

b. ou *morale*. Elle ne repose pas alors sur la discipline, mais sur des maximes. Tout est perdu, si l'on veut la fonder sur l'exemple, les menaces, les punitions, etc. Elle ne serait alors que pure discipline. Il faut faire en sorte que l'élève agisse bien d'après ses propres maximes et non par habitude, et qu'il ne fasse pas seulement le bien, mais qu'il le fasse parce que c'est le bien. Car toute la valeur morale des actions réside dans les maximes du bien. L'éducation physique et l'éducation morale se distinguent en ce que la première est passive pour l'élève, tandis que la seconde est active. Il faut qu'il aperçoive toujours le principe de l'action et le lien qui la rattache à l'idée du devoir.

2° *Culture particulière des facultés de l'esprit*. Ici se présente la culture des facultés de connaître, des sens, de l'imagination, de la mémoire, de l'attention et de ce qu'on nomme l'esprit. Nous avons déjà parlé de la culture des sens, par exemple de la vue. Pour ce qui est de celle de l'imagination, il faut remarquer une chose, c'est que les enfants ont une imagination extrêmement puissante, et qu'elle n'a pas besoin d'être davantage tendue et étendue par des contes. Elle a bien plutôt besoin d'être gouvernée et soumise à des règles, mais il ne faut pas pour cela la laisser entièrement inoccupée.

Les cartes géographiques ont quelque chose qui séduit tous les enfants, même les plus petits. Lorsqu'ils sont fatigués de toute autre étude, ils apprennent encore quelque chose au moyen des cartes. Et cela est pour les enfants une excellente distraction, où leur imagination, sans s'égarer, trouve à s'arrêter sur certaines figures. On pourrait réellement les faire commencer par la géographie. On y joindrait en même temps des figures d'animaux, de plantes, etc., destinées à vivifier la géographie. L'histoire ne viendrait que plus tard.

Pour ce qui concerne l'attention, il faut remarquer qu'elle a besoin d'être fortifiée en général. Attacher fortement nos pensées à un objet est moins un talent qu'une faiblesse de notre sens intérieur, qui se montre dans ce cas inflexible et ne se laisse pas appliquer où l'on veut. La distraction est l'ennemie de toute éducation. La mémoire suppose l'attention.

Pour ce qui est des *facultés supérieures de l'esprit*, nous rencontrons ici la culture de l'entendement, du jugement et de la raison. On peut commencer par former en quelque sorte passivement l'entendement, en lui demandant des exemples qui s'appliquent à la règle, ou au contraire la règle qui s'applique aux exemples particuliers. Le jugement indique l'usage que l'on doit faire de l'entendement. Il est nécessaire de comprendre ce que l'on apprend ou ce que l'on dit, et de ne rien répéter sans le comprendre. Combien lisent et écoutent certaines choses qu'ils admettent sans les comprendre! C'est ici qu'il faut se rappeler la différence des images et des choses mêmes.

La raison nous fait apercevoir les principes. Mais il faut songer qu'il s'agit ici d'une raison qui n'a pas encore été dirigée. Elle ne doit donc pas toujours vouloir raisonner, mais elle doit prendre garde de trop raisonner sur ce qui dépasse nos idées. Il ne s'agit pas encore ici de la raison spéculative, mais de la réflexion sur ce qui arrive suivant la loi des effets et des causes. Il y a une raison pratique soumise à son empire et à sa direction.

La meilleure manière de cultiver les facultés de l'esprit, c'est de faire soi-même tout ce que l'on veut faire, par exemple de mettre en pratique la règle grammaticale que l'on a apprise. On comprend surtout une carte géographique, quand on peut l'exécuter soi-même. Le meilleur moyen de comprendre, c'est de faire. Ce que l'on apprend le plus solidement et ce que l'on retient le mieux, c'est ce que l'on apprend en quelque sorte par soi-même. Il n'y a pourtant qu'un petit nombre d'hommes qui soient en état de le faire. On les appelle en grec αὐτοδίδακτοι.

Dans la culture de la raison il faut procéder à la manière de Socrate*. Celui-ci en effet, qui se nommait l'accoucheur des esprits de ses auditeurs, nous donne dans ses dialogues, que Platon* nous a en quelque sorte conservés, des exemples de la manière d'amener même des personnes d'un âge mûr à tirer certaines idées de leur propre raison. Il y a beaucoup de points sur lesquels il n'est pas nécessaire que les enfants exercent leur esprit. Ils ne doivent pas raisonner sur tout. Ils n'ont pas besoin de connaître les raisons de tout ce qui peut concourir à leur éducation; mais, dès qu'il s'agit du devoir*, il faut leur en faire connaître les principes. Toutefois on doit en général faire en sorte de tirer d'eux-mêmes les connaissances rationnelles, plutôt que de les introduire. La méthode socratique* devrait servir de règle à la méthode catéchétique*. Elle est, il est vrai, quelque chose de long; et il est difficile de la diriger de telle sorte que, en tirant de l'esprit de l'un des connaissances, on fasse apprendre quelque chose aux autres. La méthode mécaniquement catéchétique est bonne aussi dans beaucoup de sciences, par exemple dans l'enseignement de la religion révélée. Dans la religion universelle au contraire il faut employer la méthode socratique. Mais pour ce qui doit être historiquement enseigné, la méthode mécaniquement catéchétique se trouve être préférable.

Il faut aussi placer ici la culture du sentiment du plaisir ou de la peine. Elle doit être négative; il ne faut pas amollir le sentiment. Le penchant à la mollesse est plus fâcheux pour les hommes que tous les maux de la vie. Il est donc extrêmement important d'apprendre de bonne heure aux enfants à travailler. Quand ils ne sont pas déjà efféminés, ils aiment réellement les divertissements mêlés de fatigues et les occupations qui exigent un certain déploiement de forces. On ne doit pas les rendre difficiles sur leurs jouissances et leur en laisser le choix. Les mères gâtent ordinairement en cela leurs enfants et les amollissent en général. Et pourtant on observe que les enfants, surtout les fils, aiment mieux leurs pères que leurs mères. Cela peut bien venir de ce que les mères ne laissent pas sauter, courir de côté et d'autre, etc., et cela par crainte qu'il ne leur arrive quelque accident. Le père, au contraire, qui les gronde, qui les bat même quand ils n'ont pas été sages, les conduit parfois dans les champs, et là les laisse courir, jouer et prendre tous leurs ébats, comme il convient à leur âge.

On croit exercer la patience des enfants en leur faisant longtemps attendre quelque chose. Cela ne devrait pourtant pas être nécessaire. Mais ils ont besoin de patience dans les maladies, etc. La patience est double. Elle consiste, ou bien à renoncer à toute espérance, ou bien à prendre un nouveau courage. La première espèce de patience n'est pas nécessaire, quand on ne désire jamais que le possible; et l'on peut toujours avoir la seconde, quand on ne désire que ce qui est juste. Mais, dans les maladies, la perte de l'espérance est aussi funeste que le courage est favorable au rétablissement de la santé. Celui qui est capable d'en montrer encore au sujet de son état physique ou moral ne renonce pas à l'espérance.

Il ne faut pas non plus rendre les enfants timides. Cela arrive principalement lorsqu'on leur adresse des paroles injurieuses et qu'on les humilie souvent. C'est ici surtout qu'il faut blâmer ces paroles que beaucoup de parents adressent à leurs enfants : « Fi, n'as-tu pas de honte? » On ne voit pas de quoi les enfants pourraient avoir honte, quand, par exemple, ils mettent leur doigt dans leur bouche, etc. On peut leur dire que ce n'est pas l'usage, mais on ne doit jamais leur faire honte que dans le cas où ils mentent. La nature a donné à l'homme la rougeur de la honte afin qu'il se trahisse lorsqu'il ment. Si donc les parents ne parlaient jamais de honte à leurs enfants que lorsqu'ils mentent, ils conserveraient tout le temps de leur vie cette rougeur à l'endroit du mensonge. Mais si on les fait rougir sans cesse, on leur donnera ainsi une timidité qui ne les quittera plus.

Il ne faut pas, comme on l'a déjà dit plus haut, briser la volonté des enfants, mais seulement la diriger de telle sorte qu'elle sache céder aux obstacles naturels. L'enfant doit d'abord obéir aveuglément. Il n'est pas naturel qu'il commande par ses cris, et que le fort obéisse au faible. On ne doit donc jamais céder aux cris des enfants, même dans leur première jeunesse, et leur laisser ce moyen d'obtenir ce qu'ils veulent. Les parents se trompent ordinairement ici, et croient pouvoir plus tard réparer le mal, en refusant à leurs enfants tout ce qu'ils demandent. Mais il est très absurde de leur refuser sans raison ce qu'ils attendent de la bonté de leurs parents, uniquement pour leur faire éprouver une résistance et leur faire sentir qu'ils sont les plus faibles.

On gâte les enfants en faisant tout ce qu'ils veulent, et on les élève très mal en allant toujours au-devant de leurs volontés et de leurs désirs. C'est ce qui arrive ordinairement, tant que les enfants sont un jouet pour leurs parents, surtout dans le temps où ils commencent à parler. Mais cette indulgence leur cause un grand dommage pour toute leur vie. En allant au-devant de leurs volontés, on les empêche sans doute de témoigner leur mauvaise humeur, mais ils n'en deviennent que plus emportés. Ils n'ont pas encore appris à connaître comment il doivent se conduire. — La règle qu'il faut observer à l'égard des enfants dès leur première jeunesse, c'est donc d'aller à leur secours, lorsqu'ils crient et que l'on croit qu'il leur arrive quelque mal, mais de les laisser crier, quand ils ne le font que par mauvaise humeur. Et c'est une conduite du même genre qu'il faut constamment tenir plus tard. La résistance que l'enfant rencontre dans ce cas est toute naturelle, et elle est proprement négative, puisqu'on ne fait que refuser de lui céder. Bien des enfants, au contraire, obtiennent de leurs parents tout ce qu'ils désirent, en ayant recours aux prières. Si on leur laisse tout obtenir par des cris, ils deviennent méchants; mais, s'ils l'obtiennent par des prières, ils deviennent doux. A moins donc qu'on n'ait quelque puissant motif pour agir autrement, il faut céder à la prière de l'enfant. Mais, si l'on a ses raisons pour n'y pas céder, on ne doit plus se laisser toucher par beaucoup de prières. Tout refus doit être irrévocable. C'est un moyen infaillible de n'avoir pas besoin de refuser souvent.

Supposez qu'il y ait dans l'enfant, ce que l'on ne peut toutefois admettre que très rarement, un penchant naturel à l'indocilité, le mieux est, quand il ne fait rien pour nous être agréable, de ne rien faire non plus pour lui. En brisant sa volonté, on lui inspire des sentiments serviles; la résistance naturelle, au contraire, produit la docilité.

La culture morale doit se fonder sur des maximes, non sur une discipline. Celle-ci empêche les défauts, celle-là forme la façon de penser. On doit faire en sorte que l'enfant s'accoutume à agir d'après des maximes et non d'après certains mobiles. La discipline ne laisse que des habitudes qui s'éteignent avec les années. L'enfant doit apprendre à agir d'après des maximes dont il aperçoive lui-même la justice. On voit aisément qu'il est difficile de produire cet effet chez les jeunes enfants, et que la culture morale exige beaucoup de lumières de la part des parents et des maîtres.

Lorsqu'un enfant ment, par exemple, on ne doit pas le punir, mais le traiter avec mépris, lui dire qu'on ne le croira plus à l'avenir, etc. Mais si on le punit, quand il fait mal, et qu'on le récompense, quand il fait bien, il fait alors le bien pour être bien traité; et, lorsque plus tard il entrera dans le monde où les choses ne se passent point ainsi, mais où il peut faire le bien ou le mal sans recevoir de récompense ou de châtiment, il ne songera qu'aux moyens de faire son chemin et sera bon ou mauvais, suivant qu'il trouvera l'un ou l'autre plus avantageux.

Les maximes doivent sortir de l'homme même. On doit chercher de bonne heure à introduire dans les enfants par la culture morale l'idée de ce qui est bien ou mal. Si l'on veut fonder la moralité, il ne faut pas punir. La moralité est quelque chose de si sacré et de si sublime qu'on ne doit pas la rabaisser à ce point et la mettre sur le même rang que la discipline. Les premiers efforts de la culture morale doivent tendre à former le caractère. Le caractère consiste dans l'habitude d'agir d'après des maximes. Ce sont d'abord les maximes de l'école et plus tard celles de l'humanité. Au commencement l'enfant obéit à des lois. Les maximes sont aussi des lois, mais subjectives; elles dérivent de l'entendement même de l'homme. Aucune transgression de la loi de l'école ne doit passer impunie, mais la punition doit toujours être appropriée à la faute.

Quand on veut former le caractère des enfants, il importe beaucoup qu'on leur montre en toutes choses un certain plan, de certaines lois, qu'ils puissent suivre exactement. C'est ainsi que, par exemple, on leur fixe un temps pour le sommeil, un pour le travail, un pour la récréation; ce temps une fois fixé, on ne doit plus l'allonger ou l'abréger. Dans les choses indifférentes, on peut laisser le choix aux enfants, pourvu qu'ils continuent toujours d'observer ce dont ils se sont une fois fait une loi. — Il ne faut pas essayer de donner à un enfant le caractère d'un citoyen, mais celui d'un enfant.

Les hommes qui ne se sont pas proposé certaines règles ne sauraient inspirer beaucoup de confiance; il arrive fréquemment qu'on ne peut se les expliquer, et l'on ne sait jamais au juste à quoi s'en tenir sur leur compte. On blâme souvent, il est vrai, les gens qui agissent toujours d'après des règles, par exemple l'homme qui a toujours une heure ou un temps fixé pour chaque action; mais souvent aussi ce blâme est injuste, et cette régularité est une disposition favorable au caractère, quoiqu'elle semble une gêne.

L'obéissance est avant toutes choses un trait essentiel du caractère d'un enfant, particulièrement d'un écolier. Elle est double : c'est d'abord une obéissance à la volonté *absolue* de celui qui dirige; mais c'est aussi une obéissance à une *volonté regardée comme raisonnable et bonne*. L'obéissance peut venir de la contrainte, et elle est alors *absolue*, ou bien de la confiance, et elle est alors *volontaire*. Cette dernière est très importante, mais la première est extrêmement nécessaire; car elle prépare l'enfant à l'accomplissement des lois qu'il devra exécuter plus tard comme citoyen, alors même qu'elles ne lui plairaient pas.

Les enfants doivent être soumis à une certaine loi

de nécessité. Mais cette loi doit être une loi universelle, et il faut l'avoir toujours en vue dans les écoles. Le maître ne doit montrer aucune prédilection, aucune préférence pour un enfant entre plusieurs. Car autrement la loi cesserait d'être universelle. Dès que l'enfant voit que tous les autres ne sont pas soumis à la même règle que lui, il devient mutin.

On dit toujours qu'il faut tout présenter aux enfants de telle sorte qu'ils le fassent par inclination. Dans beaucoup de cas sans doute cela est bon, mais il y a beaucoup de choses qu'il faut leur prescrire comme des devoirs. Cela leur sera plus tard de la plus grande utilité pendant toute leur vie. Car dans les charges publiques, dans les travaux qu'exigent les fonctions que nous avons à remplir, et dans beaucoup d'autres cas le devoir seul peut nous conduire et non l'inclination. Quand on supposerait que l'enfant n'aperçoit pas le devoir, toujours vaudrait-il mieux qu'on lui en donnât l'idée, et il voit bien d'ailleurs qu'il a des devoirs comme enfant, quoiqu'il voie plus difficilement qu'il en a comme homme. S'il pouvait aussi voir cela, ce qui n'est possible qu'avec les années, l'obéissance serait encore plus parfaite.

Toute transgression d'un ordre chez un enfant est un manque d'obéissance, qui entraîne une punition. Même lorsque la transgression d'un ordre n'est qu'une simple négligence, la punition n'est pas inutile. Cette punition est ou *physique* ou *morale*.

La punition est *morale* lorsque l'on froisse notre penchant à être honorés et aimés, cet auxiliaire de la moralité, par exemple lorsqu'on humilie l'enfant, qu'on l'accueille avec une froideur glaciale. Il faut autant que possible entretenir ce penchant. Aussi cette espèce de punition est-elle la meilleure, car elle vient en aide à la moralité * ; par exemple si un enfant ment, un regard de mépris est une punition suffisante, et c'est la meilleure punition.

La punition *physique* consiste ou bien dans le refus de ce que l'enfant désire, ou bien dans l'application d'une certaine peine. La première espèce de punition est voisine de la punition morale, et elle est négative. Les autres punitions doivent être appliquées avec précaution, afin qu'il n'en résulte pas des dispositions serviles (*indoles servilis*). Il n'est pas bon de distribuer aux enfants des récompenses, cela les rend intéressés, et produit en eux des dispositions mercenaires (*indoles mercenaria*).

L'obéissance est en outre ou bien celle de l'*enfant*, ou bien celle de l'*adolescent*. Le défaut d'obéissance est toujours suivi de punition. Ou bien cette punition est une punition toute *naturelle*, que l'homme s'attire par sa conduite, comme par exemple la maladie que se donne l'enfant quand il mange trop ; et cette espèce de punition est la meilleure, car l'homme la subit toute sa vie, et non pas seulement pendant son enfance. Ou bien la punition est *artificielle*. Le besoin d'être estimé et aimé est un sûr moyen de rendre les châtiments durables. Les punitions physiques ne doivent servir qu'à remédier à l'insuffisance des punitions morales. Lorsque les punitions morales n'ont plus d'effet et que l'on a recours aux punitions physiques, il faut renoncer à former jamais par ce moyen un bon caractère. Mais au commencement la contrainte physique sert à réparer dans l'enfant le défaut de réflexion.

Les punitions que l'on inflige avec des signes de colère portent à faux. Les enfants n'y voient alors que des effets de la passion d'un autre, et ne se considèrent eux-mêmes que comme les victimes de cette passion. En général il faut faire en sorte qu'ils puissent voir que les punitions qu'on leur inflige ont pour but final leur amélioration. Il est absurde d'exiger des enfants que l'on punit qu'ils vous remercient, qu'ils vous baisent les mains, etc.; c'est vouloir en faire des êtres serviles. Lorsque les punitions physiques sont souvent répétées, elles font des caractères intraitables; et, lorsque les parents punissent leurs enfants pour leur égoïsme, ils ne font que les rendre plus égoïstes encore. — Ce ne sont pas toujours non plus les plus mauvais hommes qui sont intraitables, mais souvent ils se rendent aisément aux bonnes représentations.

L'obéissance de l'adolescent est distincte de celle de l'enfant. Elle consiste dans la soumission aux règles du devoir. Faire quelque chose par devoir, c'est obéir à la raison. C'est peine perdue que de parler de devoir aux enfants. Ils ne le voient en définitive que comme une chose dont la transgression est suivie de la férule. L'enfant pourrait être guidé par ses seuls instincts; mais, lorsqu'il grandit, il a besoin de l'idée du devoir. Aussi ne doit-on pas chercher à mettre en jeu chez les enfants le sentiment de la honte, mais attendre pour cela le temps de la jeunesse. Il ne peut en effet trouver place en eux que quand l'idée de l'honneur a déjà pris racine.

Un second trait auquel il faut surtout s'attacher dans la formation du caractère de l'enfant, c'est la véracité. C'est en effet le trait principal et l'attribut essentiel du caractère. Un homme qui ment est sans caractère, et s'il y a en lui quelque chose de bon, c'est qu'il le tient de son tempérament. Bien des enfants ont un penchant pour le mensonge, qui n'a souvent d'autre cause qu'une certaine vivacité d'imagination. C'est aux pères à prendre garde qu'ils ne s'en fassent une habitude, car les mères regardent ordinairement cela comme une chose de nulle ou de médiocre importance; elles y trouvent même une preuve flatteuse pour elles des dispositions et des capacités supérieures de leurs enfants. C'est ici le lieu de faire usage du sentiment de la honte, car l'enfant le comprend très bien dans ce cas. La rougeur de la honte nous trahit quand nous mentons, mais elle n'est pas toujours une preuve de mensonge. On rougit souvent de l'effronterie avec laquelle un autre nous accuse d'une faute. On ne doit à aucun prix chercher à arracher la vérité aux enfants par des punitions, dût leur mensonge entraîner après soi quelque dommage : ils seront punis alors pour ce dommage. La perte de l'estime est la seule punition qui convienne au mensonge.

Les punitions peuvent aussi se diviser en *négatives* et *positives*. Les premières s'appliqueraient à la paresse ou au manque de moralité ou au moins de politesse, comme le mensonge, le défaut de complaisance, l'insociabilité. Les punitions positives sont pour la méchanceté. Avant toutes choses il faut éviter de garder rancune aux enfants.

Un troisième trait du caractère de l'enfant, c'est la *sociabilité*. Il doit même entretenir avec les autres des relations d'amitié et ne pas toujours vivre pour lui seul. Bien des maîtres sont, il est vrai, contraires à cette idée; mais cela est très injuste. Les enfants doivent se préparer ainsi à la plus douce de toutes les jouissances de la vie. De leur côté, les maîtres ne doivent préférer aucun d'entre eux pour ses talents, mais seulement pour son caractère; autrement il en résulterait une jalousie qui serait contraire à l'amitié.

Les enfants doivent aussi être candides, et leurs regards doivent être aussi sereins que le soleil. Un cœur content est seul capable de trouver du plaisir dans le bien. Toute religion qui assombrit l'homme est fausse, car il doit servir Dieu avec plaisir et non par contrainte. Il ne faut pas toujours retenir la gaieté sous la dure contrainte de l'école, car dans ce cas elle serait bientôt anéantie. La liberté l'entretient. C'est à cela que servent certains jeux où le cœur s'épanouit et où l'enfant s'efforce toujours de devancer ou de surpasser ses camarades. L'âme redevient alors sereine. Beaucoup de gens regardent le temps de leur jeunesse comme le plus heureux et le plus agréable de leur vie. Mais, il n'en est pas ainsi. Ce sont les années les plus pénibles, parce qu'on est alors sous le joug, qu'on peut rarement avoir un ami véritable et plus rarement encore jouir de la liberté. Horace avait déjà dit : *Multa tulit fecitque puer, sudavit et alsit*[1].

(SOMMAIRE. — Que l'enfant ne doit avoir que l'intelligence d'un enfant, p. 101.)

Les enfants ne doivent être instruits que des choses qui conviennent à leur âge. Bien des parents se réjouis-

1. « L'enfant a beaucoup supporté et beaucoup fait. Il a sué et il a gelé. »

sent de voir leurs enfants parler avec la sagesse des vieillards. Mais on ne fait ordinairement rien d'enfants de cette espèce. Un enfant ne doit avoir que la prudence d'un enfant. Il ne doit pas être un aveugle imitateur. Or un enfant qui met en avant les maximes de la sagesse des hommes est tout à fait en dehors de la destination de son âge, et c'est chez lui pure singerie. Il ne doit avoir que l'intelligence d'un enfant, et ne doit pas se montrer trop tôt. Un pareil enfant ne sera jamais un homme éclairé et d'une intelligence sereine. Il est aussi intolérable de voir un enfant vouloir suivre déjà toutes les modes, par exemple se faire friser, porter des bagues et même une tabatière. Il devient ainsi un être affecté qui ne ressemble guère à un enfant. Une société polie lui est un fardeau, et le courage de l'homme finit par lui manquer tout à fait. C'est pourquoi aussi il faut lutter de bonne heure chez lui contre la vanité, ou plutôt ne pas lui donner l'occasion de devenir vain. C'est ce qui arrive, lorsque l'on n'a rien de plus pressé que de répéter aux enfants qu'ils sont beaux, que telle ou telle parure leur sied à merveille, ou qu'on leur promet et leur donne cette parure comme une récompense. La parure ne convient pas à des enfants. Ils ne doivent regarder leurs habillements bons ou mauvais que comme des besoins indispensables. Mais aussi les parents ne doivent y attacher pour eux-mêmes aucun prix, et éviter de se mirer devant eux; car ici, comme partout, l'exemple est tout-puissant, et fortifie ou détruit les bonnes doctrines.

B. — DE L'ÉDUCATION PRATIQUE

L'éducation pratique comprend : 1° l'habileté; 2° la prudence; 3° la moralité. Pour ce qui est de l'*habileté*, il faut veiller à ce qu'elle soit solide et non pas fugitive. On ne doit pas avoir l'air de posséder la connaissance de choses que l'on ne peut pas ensuite réaliser. La solidité doit être la qualité de l'habileté et tourner insensiblement en habitude dans l'esprit. C'est le point essentiel du caractère d'un homme. L'habileté est nécessaire au talent.

Pour ce qui est de la *prudence*, elle consiste dans l'art d'appliquer notre habileté à l'homme, c'est-à-dire de nous servir des hommes pour nos propres fins. Pour l'acquérir, bien des conditions sont nécessaires. C'est proprement la dernière chose dans l'homme, mais par son prix elle occupe le second rang.

Pour qu'un enfant puisse se livrer à la prudence, il faut qu'il se rende caché et impénétrable, tout en sachant pénétrer les autres. C'est surtout sous le rapport du caractère qu'il doit être caché. L'art de l'apparence extérieure est la convenance. Et c'est un art qu'il faut posséder. Il est difficile de pénétrer les autres, mais on doit nécessairement comprendre l'art de se rendre soi-même impénétrable. Il faut pour cela dissimuler, c'est-à-dire cacher ses fautes. Dissimuler n'est pas toujours feindre et peut être parfois permis, mais cela touche de près à l'immoralité. La dissimulation est un moyen désespéré. La prudence exige que l'on ne montre pas trop de fougue, mais il ne faut pas non plus être trop indolent. On ne doit donc pas être emporté, mais vif, ce qui n'est pas la même chose. Un homme *vif* (*strenuus*) est celui qui a du plaisir à vouloir. Il s'agit ici de la modération de l'affection. La prudence concerne le tempérament*.

La *moralité* concerne le caractère. *Sustine et abstine*[1], tel est le moyen de se préparer à une sage modération. Si l'on veut former un bon caractère, il faut commencer par écarter les passions. L'homme doit à l'endroit de ses penchants prendre l'habitude de ne pas les laisser dégénérer en passions, et apprendre à se passer de ce qui lui est refusé. *Sustine* signifie supporte et accoutume-toi à supporter.

Il faut du courage et une certaine disposition d'esprit pour apprendre à se passer de quelque chose. On doit s'accoutumer aux refus, à la résistance, etc.

Au tempérament appartient la sympathie. Il faut préserver les enfants contre une sympathie trop vive ou trop langoureuse. La sympathie est réellement de la sensibilité ; elle ne convient qu'à un caractère sensible. Elle est distincte aussi de la pitié ; c'est un mal qui consiste à se lamenter simplement sur une chose. On devrait donner aux enfants de l'argent dans leur poche, pour qu'ils pussent soulager les malheureux : on verrait par là s'ils sont ou non compatissants ; quand ils ne sont jamais généreux qu'avec l'argent de leurs parents, ils perdent cette qualité.

1. « Supporte et abstiens-toi. »

La maxime : *festina lente*[1] désigne une activité soutenue : on doit se hâter d'apprendre beaucoup, *festina;* mais il faut aussi apprendre solidement, et par conséquent mettre du temps en toute chose, *lente*. La question est de savoir ce qui est préférable, ou d'une grande somme de connaissances ou d'une somme moindre, mais plus solide. Il vaut mieux savoir peu, mais bien savoir ce peu, que de savoir beaucoup et superficiellement; car dans ce cas on finira toujours par s'apercevoir de l'insuffisance de ses connaissances. Mais l'enfant ne sait pas même dans quelles circonstances il pourra avoir besoin de telles ou telles connaissances, et c'est pourquoi le mieux est qu'il sache de tout quelque chose solidement : autrement il tromperait et éblouirait les autres avec des connaissances superficielles.

La chose la plus importante est de fonder le caractère. Le caractère consiste dans la fermeté de résolution avec laquelle on veut faire quelque chose, et on le met réellement à exécution. *Vir propositi tenax*[2], dit Horace, et c'est là le bon caractère. Ai-je, par exemple, promis quelque chose, je dois tenir ma promesse, quelque inconvénient qui en puisse résulter pour moi. En effet un homme qui prend une certaine résolution et qui ne l'exécute pas, ne peut plus se fier à lui-même. Si, par exemple, ayant pris la résolution de me lever tous les jours de bonne heure pour étudier, ou pour faire ceci ou cela, ou pour me promener, je m'excuse ensuite, au printemps, sur ce qu'il fait encore trop froid le matin

1. « Hâte-toi lentement. »
2. « Un homme ferme dans ses desseins. »

et que cela pourrait m'être contraire; en été, sur ce qu'il est bon de dormir et que le sommeil m'est alors particulièrement agréable; et si je remets ainsi de jour en jour l'exécution de ma résolution, je finis par perdre toute confiance en moi-même.

Ce qui est contraire à la morale doit être exclu des résolutions de ce genre. Dans un homme méchant le caractère est très mauvais, mais on l'appelle déjà de l'opiniâtreté, et même alors on aime à voir quelqu'un exécuter ses résolutions et s'y montrer constant, quoique l'on préférât le voir tel dans le bien.

Il n'y a pas beaucoup à compter sur quelqu'un qui ajourne toujours l'exécution de ses desseins, comme sa future conversion. En effet, un homme qui a toujours vécu dans le vice et qui veut être converti en un instant, ne peut y parvenir; il faudrait un miracle pour qu'il devînt tout d'un coup ce qu'est celui qui toute sa vie s'est bien conduit et n'a jamais eu que de bonnes pensées. Il n'y a non plus rien à attendre des pèlerinages, des mortifications et des jeûnes, car on ne voit pas en quoi ces pèlerinages et d'autres usages de ce genre peuvent contribuer à faire d'un homme vicieux un homme vertueux.

Quel profit pour l'honnêteté et pour l'amélioration des mœurs, de jeûner pendant le jour sauf à manger davantage pendant la nuit, ou d'infliger à son corps une expiation qui ne saurait contribuer en rien à la conversion de l'âme?

Si l'on veut fonder dans les enfants un caractère moral, il importe de ne pas perdre de vue les observations suivantes :

Il faut leur indiquer, autant que possible, par des

exemples et des règlements les devoirs qu'ils ont à remplir. Les devoirs que les enfants ont à remplir ne sont autres que les devoirs ordinaires envers soi-même et envers les autres. Ces devoirs doivent donc être tirés de la nature des choses. Nous devons donc considérer ici de plus près :

a. — Les devoirs envers soi-même.— Ils ne consistent pas à se procurer un habillement magnifique, à donner de splendides repas, etc., quoique dans l'habillement et dans les repas il faille rechercher la propreté. Ils ne consistent pas non plus à chercher à satisfaire ses désirs et ses penchants, car on doit au contraire se montrer très mesuré et très réservé, mais à conserver dans son intérieur une certaine dignité*, celle qui fait de l'homme une créature plus noble que toutes les autres. C'est en effet le devoir de l'homme de ne pas méconnaître dans sa propre personne cette dignité de l'humanité.

Or nous oublions cette dignité quand, par exemple, nous nous adonnons à la boisson, quand nous nous livrons à des vices contre nature, quand nous nous jetons dans toutes sortes de dérèglements, etc., toutes choses qui ravalent l'homme bien au-dessous de l'animal. Il n'est pas moins contraire à la dignité de l'humanité de ramper devant les autres, ou de les accabler de compliments, dans l'espoir de capter leurs bonnes grâces par une si indigne conduite.

On devrait rendre la dignité humaine sensible à l'enfant dans sa propre personne, par exemple dans le cas de malpropreté, qui à tout le moins messied à l'humanité. Mais c'est par le mensonge que l'enfant se rabaisse réellement au-dessous de la dignité humaine, car il suppose déjà développée en lui la faculté de penser et celle de communiquer aux autres ses pensées. Le mensonge fait de l'homme un objet de mépris général, et il lui enlève à ses propres yeux l'estime et la confiance que chacun devrait avoir à l'égard de soi-même.

b. — Les devoirs envers autrui. — On doit inculquer de très bonne heure à l'enfant le respect des droits de l'homme, et veiller à ce qu'il le mette en pratique. Si, par exemple, un enfant rencontre un autre enfant pauvre et qu'il le repousse fièrement de son chemin, ou qu'il lui donne un coup, on ne doit pas lui dire : « Ne fais pas cela, cela fait mal à cet enfant ; sois donc compatissant, c'est un pauvre enfant, etc. ; » mais il faut le traiter à son tour avec la même fierté et lui faire vivement sentir combien sa conduite est contraire au droit de l'humanité. Pour ce qui est de la générosité, les enfants n'en ont pas du tout. C'est ce dont on peut se convaincre, par exemple, lorsque des parents commandent à leur enfant de donner à un autre la moitié de sa tartine, sans lui en promettre une autre : ou il n'obéit pas ou, s'il le fait par hasard, ce n'est qu'à contre-cœur. On ne saurait guère d'ailleurs parler aux enfants de générosité, puisqu'ils n'ont encore rien à eux.

Beaucoup d'auteurs ont tout à fait omis ou ont mal compris, comme Crugott, la section de la morale qui contient la doctrine des devoirs envers soi-même. Le devoir envers soi-même consiste comme il a été dit, à conserver la dignité de l'humanité dans sa propre personne. L'homme se censure, en fixant ses regards sur l'idée de l'humanité. Il trouve dans cette idée un original auquel il se compare. Lorsque le nombre des années augmente et que le goût du sexe commence à se développer, c'est alors le moment critique, et l'idée de la dignité humaine est seule capable de retenir le jeune homme dans les bornes. Il faut l'avertir de bonne heure de se méfier de ceci ou de cela.

Nos écoles manquent presque entièrement d'une chose qui serait cependant fort utile pour former les enfants à la loyauté, je veux dire un catéchisme* du droit*. Il devrait contenir, sous une forme populaire, des cas concernant la conduite à tenir dans la vie ordinaire, et qui amèneraient toujours naturellement cette question : cela est-il juste ou non? Si, par exemple, quelqu'un, qui doit payer aujourd'hui son créancier, se laisse toucher par la vue d'un malheureux et lui donne la somme dont il est redevable et qu'il devrait payer, cela est-il juste ou non? Non, cela est injuste, car il faut être libre de toute dette pour pouvoir pratiquer la bienfaisance. En donnant de l'argent à un pauvre, je fais une chose méritoire*; mais en payant ma dette je ne fais que ce que je dois. On demanderait en outre si la nécessité peut justifier le mensonge. Non! on ne saurait concevoir un seul cas où il peut être excusé, du moins devant les enfants, qui autrement prendraient la plus petite chose pour une nécessité et se permettraient souvent de mentir. S'il y avait un livre de ce genre, on pourrait y consacrer fort utilement une heure par jour, afin d'apprendre aux enfants à connaître et à prendre à cœur le droit des hommes, cette prunelle de Dieu sur la terre.

Quant à l'obligation* d'être bienfaisant, ce n'est qu'une obligation imparfaite. Il faut moins amollir qu'éveiller le cœur des enfants pour le rendre sensible au sort d'autrui. Qu'il soit plein, non de sentiment, mais de l'idée du devoir. Beaucoup de personnes sont devenues réellement inpitoyables parce que, s'étant montrées autrefois compatissantes, elles s'étaient souvent vu tromper. Il est inutile de vouloir faire sentir à un enfant le côté méritoire des actions. Les prêtres commettent très souvent la faute de présenter les actes de bienfaisance comme quelque chose de méritoire. Sans représenter que nous ne pouvons jamais faire à l'égard de Dieu que ce que nous devons, on peut dire que nous ne faisons aussi que notre devoir en faisant du bien aux pauvres. En effet, l'inégalité du bien-être des hommes ne vient que de circonstances accidentelles. Si donc je possède de la fortune, je ne la dois qu'au hasard des circonstances qui m'a été favorable à moi-même ou à celui qui m'a précédé, et je n'en dois pas moins tenir compte du tout dont je fais partie.

On excite l'envie dans un enfant, en l'accoutumant à s'estimer d'après la valeur des autres. Il doit s'estimer au contraire d'après les idées de sa raison. Aussi l'humilité n'est-elle proprement autre chose qu'une comparaison de sa valeur avec la perfection morale. Ainsi, par exemple, la religion chrétienne, en ordonnant aux hommes de se comparer au souverain modèle de la perfection, les rend plutôt humbles qu'elle ne leur enseigne l'humilité. Il est très absurde de faire consister l'humilité à s'estimer moins que d'autres. — Vois comme tel ou tel enfant se conduit! etc. Parler ainsi aux enfants n'est pas le moyen de leur inspirer de nobles sentiments. Quand l'homme estime sa valeur d'après les autres, il cherche, ou bien à s'élever au-dessus d'eux, ou bien à les rabaisser. Ce dernier cas est l'envie. On ne songe alors qu'à mettre sur le compte des autres toutes sortes de défauts; car, s'ils n'étaient pas là, on n'aurait point de comparaison à craindre entre eux et soi, et l'on serait le meilleur. L'esprit d'émulation mal appliqué ne produit que l'envie. Le cas où l'émulation pourrait servir à quelque chose serait celui ou l'on voudrait persuader à quelqu'un qu'une chose est praticable, comme, par exemple, quand j'exige d'un enfant une certaine tâche et que je lui montre que les autres ont pu la remplir.

On ne doit en aucune manière permettre à un enfant d'humilier les autres. Il faut chercher à écarter toute fierté qui n'aurait d'autre motif que les avantages de la fortune. Mais il faut chercher en même temps à fonder la franchise. C'est une confiance modeste en soi-même. Elle met l'homme en état de montrer tous ses talents d'une manière convenable. Il faut bien la distinguer de l'insolence, qui consiste dans l'indifférence à l'égard du jugement d'autrui.

Tous les désirs de l'homme sont ou formels (liberté et pouvoir), ou matériels (relatifs à un objet); ce sont des désirs d'opinion ou de jouissance; ou bien enfin ils se rapportent à la seule durée de ces deux choses, comme éléments du bonheur

Les désirs de la première espèce sont le désir des honneurs, celui du pouvoir et celui des richesses. Les désirs de la seconde sont ceux de la jouissance du sexe (ou de la volupté), de celle des choses (ou du bien-être) et de celles de la société (ou de la conversation). Les désirs de la troisième espèce enfin sont l'amour de la vie, de la santé, de l'aisance (le désir d'être exempt de soucis dans l'avenir).

Les vices sont ou de méchanceté, ou de bassesse, ou d'étroitesse d'esprit. A ceux de la première espèce appartiennent l'envie, l'ingratitude et la joie causée par le malheur d'autrui; à ceux de la seconde, l'injustice, l'infidélité (la fausseté), le dérèglement, soit dans la dissipation de ses biens, soit dans celle de la santé (intempérance) et de l'honneur. Les vices de la troisième espèce sont la dureté du cœur, l'avarice, la paresse (la mollesse).

Les vertus sont de pur *mérite**, ou d'*obligation stricte** ou d'*innocence*. Aux premières appartiennent la grandeur d'âme (qui consiste à se vaincre soi-même, soit dans la colère, soit dans l'amour du bien-être, soit dans celui des richesses), la bienfaisance, la domination de soi-même ; aux secondes, la loyauté, la bienséance et la douceur ; aux troisièmes enfin, la bonne foi, la modestie et la tempérance.

C'est une question si l'homme est par sa nature moralement bon ou mauvais. Je réponds qu'il n'est ni l'un ni l'autre, car il n'est pas naturellement un être moral ; il ne le devient que quand il élève sa raison jusqu'aux idées du devoir et de la loi. On peut dire cependant qu'il a en lui originairement des penchants pour tous les vices, car il a des inclinations et des instincts qui le poussent d'un côté, tandis que sa raison le pousse d'un autre. Il ne saurait donc devenir moralement bon qu'au moyen de la vertu, c'est-à-dire d'une contrainte exercée sur lui-même, quoiqu'il puisse être innocent tant que ses passions sommeillent.

Les vices résultent pour la plupart de ce que l'état de civilisation fait violence à la nature, et pourtant notre destination comme hommes est de sortir du pur état de nature où nous ne sommes que comme des animaux. L'art parfait retourne à la nature.

Tout dans l'éducation dépend d'une chose : c'est que l'on établisse partout les bons principes, et que l'on sache les faire comprendre et admettre par les enfants. Ils doivent apprendre à substituer l'horreur de ce qui est révoltant ou absurde à celle de la haine, la crainte de leur propre conscience à celle des hommes et des châtiments divins, l'estime d'eux-mêmes et la dignité intérieure à l'opinion d'autrui, — la valeur intérieure des actions à celles des mots et la conduite aux mouvements du cœur, — l'intelligence au sentiment, — enfin une piété sereine et de bonne humeur à une dévotion chagrine, sombre et sauvage.

Mais il faut avant tout préserver les enfants contre le danger d'estimer beaucoup trop haut les mérites de la fortune (*merita fortunæ*).

(**Sommaire. — De la religion dans l'éducation, p. 112. — Quelle idée de Dieu on doit inspirer aux enfants, p. 114. — Rapports de la morale et de la religion, p. 114.**)

Si l'on examine l'éducation des enfants dans son rapport avec la religion, la première question est de savoir s'il est possible d'inculquer de bonne heure aux enfants des idées religieuses. C'est un point de pédagogie sur lequel on a beaucoup disputé. Les idées religieuses supposent toujours quelque théologie. Or comment enseigner une théologie à la jeunesse, qui, loin de connaître le monde, ne se connaît pas encore elle-même? Comment la jeunesse, qui ne sait encore ce que c'est que le devoir, serait-elle en état de comprendre un devoir immédiat envers Dieu? Ce qu'il y a de certain, c'est que, s'il pouvait arriver que les enfants ne fussent jamais témoins d'aucun acte de vénération envers l'Être suprême, et même qu'ils n'entendissent jamais prononcer le nom de Dieu, il serait alors conforme à l'ordre des choses d'attirer d'abord leur attention sur les causes finales et sur ce qui convient à l'homme, d'exercer par là leur jugement, de les instruire de l'ordre et de la beauté des fins de la nature, d'y joindre ensuite une connaissance plus étendue encore du système du monde, et de leur ouvrir d'abord par ce moyen l'idée d'un Être suprême, d'un législateur. Mais comme cela n'est pas possible dans l'état actuel de la société, comme on ne peut faire qu'ils n'entendent pas prononcer le nom de Dieu et qu'ils ne soient pas témoins des démonstrations de la dévotion à son égard, si l'on voulait attendre pour leur apprendre quelque chose de Dieu, il en résulterait pour eux ou une grande indifférence, ou des idées fausses, comme par exemple la crainte de la puissance divine. Or, comme il faut éviter que cette idée ne se glisse dans l'imagination des enfants, on doit, pour les en préserver, chercher de bonne heure à leur inculquer des idées religieuses. Cependant cela ne doit pas être une affaire de mémoire et d'imitation, une pure singerie, mais le chemin choisi doit toujours être approprié à la nature. Les enfants comprendront, même sans avoir d'idée abstraite du devoir, de l'obligation, de la bonne ou mauvaise conduite, qu'il y a une loi du devoir, que ce n'est pas la commodité, l'utilité ou d'autres considérations de ce genre qui le déterminent, mais quelque chose de général qui ne se règle pas sur les caprices des hommes. Mais le maître même doit se faire cette idée.

On doit d'abord tout attribuer à Dieu dans la nature

et ensuite la lui attribuer elle-même. On montrera, par exemple, en premier lieu, comment tout est disposé pour la conservation des espèces et leur équilibre, mais de loin aussi pour l'homme, de telle sorte qu'il puisse travailler lui-même à son bonheur.

Le meilleur moyen de rendre d'abord claire l'idée de Dieu, ce serait d'y chercher une analogie dans celle d'un père de famille sous la surveillance duquel nous serions placés; on arrive ainsi très heureusement à concevoir l'unité des hommes qu'on se représente comme formant une seule famille.

Qu'est-ce donc que la religion? La religion est la loi qui réside en nous, en tant qu'elle reçoit son influence sur nous d'un législateur et d'un juge; c'est la morale appliquée à la connaissance de Dieu. Quand on n'unit pas la religion à la moralité elle n'est plus qu'une manière de solliciter la faveur céleste. Les cantiques, les prières, la fréquentation des églises, toutes ces choses ne doivent servir qu'à donner à l'homme de nouvelles forces et un nouveau courage pour travailler à son amélioration; elles ne doivent être que l'expression d'un cœur animé par l'idée du devoir. Ce ne sont que des préparations aux bonnes œuvres, et l'on ne peut plaire à l'Être suprême qu'en devenant meilleur.

Il faut avec les enfants commencer par la loi qu'ils portent en eux. L'homme est méprisable à ses propres yeux quand il tombe dans le vice. Ce mépris a son principe en lui-même, et non dans cette considération que Dieu a défendu le mal; car il n'est pas nécessaire que le législateur soit en même temps l'auteur de la loi. C'est ainsi qu'un prince peut défendre le vol dans ses États sans qu'on puisse le considérer pour cela comme l'auteur de la défense du vol. L'homme apprend par là à reconnaître que sa bonne conduite seule peut le rendre digne du bonheur. La loi divine doit paraître en même temps comme une loi naturelle, car elle n'est pas volontaire. La religion rentre donc dans la moralité.

Mais il ne faut pas commencer par la théologie. La religion, qui est fondée simplement sur la théologie, ne saurait contenir quelque chose de moral. On n'y aura d'autres sentiments que celui de la crainte, d'une part, et l'espoir de la récompense de l'autre, ce qui ne produira qu'un culte superstitieux. Il faut donc que la moralité précède et que la théologie la suive, et c'est là ce qui s'appelle la religion.

La loi considérée en nous s'appelle la conscience. La conscience est proprement l'application de nos actions à cette loi. Les reproches de la conscience resteront sans effet, si on ne les considère pas comme les représentants de Dieu, dont le siège sublime est bien élevé au-dessus de nous, mais qui a aussi établi en nous un tribunal. Mais d'un autre côté, quand la religion ne se joint pas à la conscience morale, elle est aussi sans effet. Comme on l'a déjà dit, la religion, sans la conscience morale, est un culte superstitieux. On pense servir Dieu en le louant, par exemple, en célébrant sa puissance, sa sagesse, sans songer à remplir les lois divines, sans même connaître cette sagesse et cette puissance et sans les étudier. On cherche dans ces louanges comme un narcotique pour sa conscience, ou comme un oreiller sur lequel on espère reposer tranquillement.

Les enfants ne sauraient comprendre toutes les idées religieuses, mais on peut cependant leur en inculquer quelques-unes; seulement elles doivent être plutôt négatives que positives. — Il est inutile de leur faire réciter des formules, et même cela ne peut que leur donner une fausse idée de la pitié. La vraie manière d'honorer Dieu, c'est d'agir suivant la volonté de Dieu, et c'est là ce qu'il faut enseigner aux enfants. On doit veiller, dans l'intérêt des enfants comme aussi pour soi-même, à ce que le nom de Dieu ne soit pas si souvent profané. L'invoquer dans les souhaits que l'on forme, fût-ce même dans une intention pieuse, est une véritable profanation. Toutes les fois que les hommes prononcent le nom de Dieu, ils devraient être pénétrés de respect; et c'est pourquoi ils devraient rarement en faire usage, et jamais légèrement. L'enfant doit apprendre à sentir du respect pour Dieu, d'abord comme maître de sa vie et du monde entier, ensuite comme protecteur des hommes, et enfin comme leur juge. On dit que *Newton** se recueillait toujours un moment quand il prononçait le nom de Dieu.

En éclaircissant à la fois dans l'esprit de l'enfant l'idée de Dieu et celle du devoir, on lui apprend à mieux respecter les soins que Dieu a pris à l'égard de ses créatures, et on le préserve contre ce penchant à la destruction et à la cruauté, qui se plaît de tant de façons à tourmenter les petits animaux. On devrait en même temps instruire la jeunesse à découvrir le bien dans le mal, en lui montrant, par exemple, dans les animaux de proie et dans les insectes des modèles de propreté et d'activité. Ils rappellent aux hommes méchants le respect de la loi. Les oiseaux qui poursuivent les vers sont les défenseurs des jardins, etc.

Il faut donc inculquer aux enfants quelques idées de l'Être suprême, afin que, lorsqu'ils voient les autres prier, etc., ils puissent savoir pour qui et pour quoi on agit ainsi. Mais ces idées ne doivent être que très peu nombreuses, et, comme on l'a dit, purement négatives. Il faut commencer dès la première jeunesse à les leur inculquer, mais en même temps il faut prendre garde qu'ils n'estiment les hommes d'après la pratique de leur religion ; car, malgré la diversité des religions, il y a partout unité de religion.

Nous ajouterons, pour conclure, quelques remarques, qui sont particulièrement à l'adresse des enfants entrant dans l'adolescence. Le jeune homme commence à cette époque à faire certaines distinctions qu'il n'avait pas faites auparavant. C'est *en premier lieu* la différence des sexes. La nature a jeté là-dessus en quelque sorte le voile du secret, comme s'il y avait là quelque chose qui ne fût pas décent pour l'homme et qui ne fût en lui qu'un besoin de l'animal. Elle a cherché à l'unir avec toute espèce de moralité possible. Les nations sauvages elles-mêmes se conduisent en cela avec une sorte de pudeur et de retenue. La curiosité des enfants adresse parfois aux grandes personnes des questions à ce sujet..... ; mais on les satisfait aisément, ou bien en leur faisant des réponses qui ne signifient rien, ou bien en leur répondant que c'est là une question d'enfant.

Le développement de ces penchants dans l'adolescent est mécanique; et, comme dans tous les instincts qui se développent en lui, il n'a même besoin pour cela de la connaisance d'aucun objet. Il est donc impossible de maintenir ici l'adolescent dans l'ignorance et dans l'innocence qui y est liée. Par le silence on ne fait qu'empirer le mal. C'est ce que montre bien l'éducation de nos aïeux. Dans celle de notre temps, on admet avec raison qu'il faut parler à l'adolescent de ces sortes de choses sans détour et d'une manière claire et précise. C'est là sans doute un point délicat, puisque l'on n'en fait pas volontiers un objet d'entretien public. Mais tout sera bien fait si on lui en parle d'une manière sérieuse et digne, et si l'on entre dans ses penchants.

La treizième ou la quatorzième année est ordinairement l'époque où le penchant pour le sexe se développe dans l'adolescent (quand cela arrive plus tôt, c'est que les enfants ont été débauchés et perdus par de mauvais exemples). Alors aussi leur jugement est déjà formé, et la nature l'a tout juste préparé pour le temps où l'on peut parler de cela avec eux.

. . . .

. . . .

. . . .

Que l'adolescent apprenne de bonne heure à témoigner à l'autre sexe le respect qui lui est dû, à mériter de son côté l'estime de ce sexe par une louable activité, et à aspirer ainsi à l'honneur d'une heureuse union.

Une *seconde* différence que l'adolescent commence à faire vers le temps où il entre dans le monde, c'est celle qui résulte de la distinction des rangs et de l'inégalité des hommes. Tant qu'il reste enfant, il ne faut pas la lui faire remarquer. On ne doit pas même lui permettre de donner des ordres aux domestiques, s'il remarque que ses parents commandent aux domestiques, on peut toujours lui dire : « Nous leur donnons du pain, et c'est pour cela qu'ils nous obéissent; tu ne veux pas faire cela, eh bien! nous n'avons pas besoin de t'obéir. » Les enfants ne savent rien de cette différence, si les parents ne leur en donnent pas eux-mêmes l'idée. Il faut montrer à l'adolescent que l'inégalité des hommes est une disposition qui vient de ce que certains hommes ont cherché à se distinguer des autres par certains avantages. La conscience de l'égalité des hommes dans l'inégalité civile peut lui être peu à peu inculquée.

Il faut accoutumer le jeune homme à s'estimer absolument et non d'après les autres. L'estime d'autrui, dans tout ce qui ne constitue nullement la valeur de l'homme, est affaire de vanité. Il faut en outre lui enseigner à avoir de la conscience en toute chose, et à s'efforcer non seulement de paraître, mais d'être. Habituez-le à veiller à ce que, dans aucune circonstance où il a une fois pris sa résolution elle ne devienne une vaine résolution; il vaudrait mieux n'en prendre aucune, et laisser la chose en suspens; — enseignez-lui la modération à l'endroit des circonstances extérieures et la patience dans les travaux : *sustine et abstine*, — enseignez-lui aussi la modération dans les plaisirs. Quand on ne désire pas seulement des plaisirs, mais qu'on sait aussi être patient dans le travail, on devient un membre utile de la communauté et on se préserve de l'ennui.

Il faut de plus instruire le jeune homme à se montrer enjoué et de bonne humeur. La sérénité du cœur résulte naturellement d'une conscience sans reproche. — Recommandez-lui l'égalité d'humeur. On peut arriver par l'usage à se montrer toujours de bonne humeur en société.

On doit s'accoutumer à considérer beaucoup de choses comme des devoirs. Une action doit m'être précieuse, non parce qu'elle s'accorde avec mon penchant, mais parce que je remplis mon devoir en la faisant.

Il faut développer l'amour d'autrui et ensuite tous les sentiments cosmopolites. Il y a dans notre âme quelque chose qui fait que nous nous intéressons: 1° à notre moi; 2° à ceux avec lesquels nous avons été élevés, et 3° même au bien du monde. Il faut rendre cet intérêt familier aux enfants, et faire qu'il échauffe leurs âmes. Ils doivent se réjouir du bien du monde, encore que ce ne soit pas l'avantage de leur patrie ou leur propre avantage.

Il faut les exercer à n'attacher qu'une médiocre valeur à la jouissance des plaisirs de la vie. On écartera ainsi la crainte puérile de la mort. Il faut montrer aux jeunes gens que la jouissance ne tient pas ce qu'elle promet.

Il faut enfin appeler leur attention sur la nécessité de régler chaque jour leur propre compte, afin de pouvoir faire à la fin de leur vie une estimation de la valeur acquise.

LEXIQUE

PAR ORDRE ALPHABÉTIQUE

DES NOMS PROPRES ET DES EXPRESSIONS PHILOSOPHIQUES

EMPLOYÉES PAR KANT DANS LE TRAITÉ DE PÉDAGOGIE

BASEDOW (J. Bernard), 1723-1790. — Après avoir professé la morale et les belles-lettres en Danemark, il se tourna vers la pédagogie, et proposa un système d'éducation inspiré de Rousseau. Il fut aidé par le prince d'Anhalt-Dessau, et, en 1774, fonda à Dessau une école modèle, sous le nom de *Philanthropinon*. — Ses principaux ouvrages pédagogiques sont : *De l'Education du prince;* et *Recueil des connaissances nécessaires à l'instruction de la jeunesse.*

CARACTÈRE. — Kant définit le caractère : « Une manière d'être conséquente, établie sur des maximes immuables. » (*Critique de la Raison pratique*, Méthodologie.)

« Avoir du caractère absolument, c'est posséder cette propriété de la volonté par laquelle le sujet s'attache à des principes pratiques déterminés qu'il s'est invariablement posés par sa propre raison. Bien que ces principes parfois puissent être faux et vicieux, cependant la disposition de la volonté en général d'agir suivant des principes fixes (et sans sauter tantôt ci, tantôt là, comme les mouches), est quelque chose d'estimable et qui mérite d'autant plus l'admiration que c'est plus rare.

« Il ne s'agit pas par là de ce que la nature fait de l'homme, mais de ce que l'homme fait de lui-même ; ce qui est l'œuvre de la nature est l'effet du tempérament (et le sujet est alors en grande partie passif) ; mais l'homme n'a de caractère que dans ce qu'il fait de lui-même.

. . . .

« C'est donc avec raison qu'on présente d'une manière négative les principes concernant le caractère. Ce sont les suivants :

a) Ne jamais manquer à la vérité de propos délibéré ; être par conséquent retenu dans son langage, afin de ne pas s'attirer l'affront d'une contradiction.

b) Ne pas dissimuler ; c'est-à-dire paraître en face animé de bons sentiments, et, par derrière, se montrer malveillant.

c) Ne pas manquer à une promesse (licite) ; ce qui comprend jusqu'à la nécessité d'honorer un *souvenir* d'une amitié maintenant rompue, et de ne pas abuser de la confiance et de l'ouverture de cœur des autres envers nous.

d) Ne pas se lier d'intimité avec des hommes qui pensent mal, et, se souvenant du *noscitur ex socio*, etc. (1), n'avoir avec eux que des rapports d'affaires.

e) Ne pas se soucier du jugement superficiel et malveillant des autres ; ce serait déjà faiblesse de les imiter. De plus, la crainte de manquer à la mode, qui est chose passagère et changeante, doit être modérée ; et si la mode a déjà pris une grande influence, il ne faut pas du moins qu'elle exerce son empire jusque dans la moralité. » (*Anthropologie*, seconde partie.)

CATÉCHISME, Méthode CATÉCHÉTIQUE. — Un catéchisme est un livre qui procède par demandes et réponses. Et la méthode catéchétique est celle où le maître, ne se con-

(1) Proverbe analogue à notre : « Dis-moi qui tu hantes... »

tentant pas de parler seul, interroge ses auditeurs. Mais cette méthode elle-même se subdivise. Ou bien le maître s'assure seulement par des interrogations que la mémoire de l'élève est fidèle, et dans les livres, l'alternance des demandes et des réponses n'est qu'un procédé pour fixer l'attention et soulager la mémoire. C'est ce que Kant appelle la méthode *mécaniquement catéchétique*. C'est celle de nos catéchismes religieux. — Ou bien le maître s'adresse vraiment à la raison de l'élève et s'efforce de lui faire découvrir en lui-même et par lui-même ce qu'il lui veut enseigner : c'est la *méthode socratique*.

Kant a donné lui-même un exemple de cet enseignement catéchétique, tel qu'il l'entend, dans la *Doctrine de la Vertu* (Méthodologie).

CIVILISATION. — Ce mot est pris plusieurs fois dans un sens actif. C'est une forme d'éducation, ou plutôt de culture, qui se règle sur le goût changeant de chaque siècle.

CONSCIENCE. — C'est la loi considérée en nous, dit Kant; elle nous dicte la conduite à tenir et juge celle que nous avons tenue.

CULTURE. — C'est la partie positive de l'éducation. C'est ce que l'art ajoute à la nature. Toutefois, comme cet art peut être lui-même naturel, il y a une *culture libre*; c'est le jeu. Mais l'éducation est surtout une *culture forcée*. — Kant distingue encore la culture qui n'est que le développement des facultés naturelles, par exemple et surtout de l'intelligence, et qu'il appelle, pour cette raison, *culture physique* (de φύσις, nature), de la culture qui se rapporte à la liberté, et qu'il appelle *culture morale*.

DESSAU. — Capitale du duché d'Anhalt-Dessau. Voir *Basedow* et *Philanthropinon*.

Devoir. — Nous reproduisons ici un célèbre passage de la *Critique de la Raison pratique*, non seulement parce qu'il est célèbre, mais parce qu'il fait bien comprendre le sens élevé dans lequel on prend ce mot : devoir.

« *Devoir!* mot grand et sublime, toi qui n'as rien d'agréable ni de flatteur et commandes la soumission, sans pourtant employer, pour ébranler la volonté, des menaces propres à exciter naturellement l'aversion et la terreur, mais en te bornant à proposer une loi, qui d'elle-même s'introduit dans l'âme et la force au respect (sinon toujours à l'obéissance), et devant laquelle se taisent tous les penchants, quoiqu'ils travaillent sourdement contre elle, quelle origine est digne de toi? Où trouver la racine de ta noble tige, qui repousse fièrement toute alliance avec les penchants, cette racine où il faut placer la condition indispensable de la valeur que les hommes peuvent se donner à eux-mêmes? » (Ire partie, liv. I.)

Didactique. — Par culture didactique (du grec διδάσκω, enseigner) Kant entend l'enseignement. Aussi cette culture, dit-il, est-elle l'œuvre du *professeur*, en quoi elle se distingue de la culture *pragmatique*, qui se rapporte à la *prudence* et qui est l'œuvre du *gouverneur* (Voir le mot *Prudence*). La culture didactique elle-même peut se donner de différentes façons. Ou bien le professeur discourt devant les élèves qui se contentent de l'écouter, ou bien il les interroge pour leur faire découvrir ou examiner ce qu'il veut leur apprendre.

Dignité humaine. — Ce mot n'a pas un sens banal pour Kant, car toute la morale pourrait se résumer dans le souci de la dignité humaine. « L'honnête homme, frappé par un grand malheur qu'il aurait pu éviter, s'il avait voulu manquer à son devoir, n'est-il pas soutenu par la conscience d'avoir maintenu et respecté en sa personne la dignité humaine, de n'avoir pas à rougir de lui-même, et de pouvoir s'examiner sans crainte? » (*Critique de la Raison pratique*, Ire partie, liv. I.)

DIRECTION, DIRECTEUR. — Kant nous dit lui-même qu'elle « est ce qui sert de guide dans la *pratique* de ce que l'on veut apprendre ». Elle se rapporte à la *prudence*, tandis que l'instruction se rapporte à la science ou à l'habileté (Voir ce mot). Entre la direction et l'instruction même antithèse qu'entre la pratique et la théorie. De nos jours on prend *directeur* dans le sens de directeur de conscience. Le sens de Kant est plus large.

DISCIPLINE. — Nous avons longuement traité de la discipline dans notre préface. Elle est la partie négative et préparatoire de l'éducation. Elle empêche la nature de se corrompre. On a retrouvé dans des fragments posthumes de Kant la pensée suivante : « On dit dans la médecine que le médecin n'est que le serviteur de la nature; il en est de même du moraliste. Écartez les mauvaises influences du dehors : la nature saura bien trouver d'elle-même la voie la meilleure. » Cette morale qui écarte les mauvaises influences du dehors est proprement la discipline, morale préliminaire qui affranchit l'âme, et la rend capable de vraie moralité.

DRESSER. — Kant fait remarquer que ce mot vient de l'anglais *to dress* (habiller). Cela implique le caractère tout extérieur de ce genre d'éducation.

DROIT. — Le droit pour Kant est la science du bien considéré au point de vue des relations humaines, tandis que la morale est la science du bien considéré en soi, ou plutôt par rapport à l'intention de l'agent. Le droit et la morale réunies constituent la science des mœurs.

Un *catéchisme du droit* est donc un catéchisme du juste et de l'injuste dans les relations sociales.

ENTENDEMENT. — « L'entendement est la connaissance du général. » (*Traité de Pédagogie.*)

FORMEL. — Ce mot joue un grand rôle dans la philosophie kantienne qui oppose partout la *forme* à la *matière*. Mais il est pris en un sens tout spécial dans deux passages du *Traité de Pédagogie*. Dans le passage où, à propos des langues, Kant écrit ce que M. Barni a traduit ainsi : « On peut les apprendre en suivant une méthode formelle, » cette méthode formelle consisterait simplement à apprendre les mots par cœur.

Dans un autre passage, Kant appelle *désirs formels* ceux qui ne se rapportent pas à un objet *matériel*. Tels le désir de la liberté, le désir du pouvoir, etc.

FRANKLIN (Benjamin) 1706-1790. — Homme politique des États-Unis qui eut une grande part à la Déclaration de l'indépendance et eut l'honneur de représenter en France son pays. — Savant physicien qui reconnut l'identité de la foudre et du fluide électrique et inventa le paratonnerre. — Moraliste d'un profond sens pratique, et auteur d'un grand nombre d'écrits populaires, parmi lesquel la *Science du Bonhomme Richard*.

GŒTTINGUE. — Ville du royaume de Hanovre. Université célèbre fondée en 1735 par George II, et dite *Georgia Augusta*.

GOUVERNEUR. — Le *gouverneur* élève, tandis que le *précepteur* instruit. Il est le véritable éducateur. (Voir le mot *Directeur*.)

HABILETÉ. — L'habileté est la connaissance des moyens propres à atteindre certaines fins. La *prudence* est l'art de se servir de cette connaissance. Ni l'une ni l'autre ne se préoccupent de la valeur de la fin à atteindre.

IDÉAL. — Dans la *Critique de la Raison pure* (Dialectique

transcendentale, liv. II, ch. III), Kant définit un idéal en disant que c'est « la perfection de chaque espèce d'êtres possibles ». Les idéaux ont une vertu pratique et « servent de fondement à la possibilité de certains actes »... « La vertu et, avec elle, la sagesse humaine, dans toute leur pureté, sont des *idées*. Mais le sage (des stoïciens) est un *idéal*, c'est-à-dire un homme qui n'existe que dans la pensée, mais qui concorde parfaitement avec l'idée de la sagesse. De même que l'idée donne la règle, l'idéal en pareil cas sert de prototype pour la complète détermination de la copie, et nous n'avons pas d'autre mesure de nos actions que la conduite de cet homme divin que nous trouvons dans notre pensée, avec lequel nous nous comparons, et d'après lequel nous nous jugeons et nous corrigeons, mais sans jamais pouvoir atteindre sa perfection. »

IMAGINATION. — Ce mot est pris par Kant dans un sens particulier et précis : « L'imagination est l'application du général au particulier. » (*Traité de Pédagogie.*)

JUGEMENT. — Juger, pour Kant, c'est subsumer, c'est-à-dire faire rentrer un objet sous un concept. « Ceci est un livre. » Je subsume l'objet que je désigne par « ceci » sous le concept « livre ». — « Le jugement indique l'usage que l'on doit faire de l'entendement, » c'est-à-dire des concepts, c'est-à-dire encore du général.

LICHTENBERG (G.-Christ.) 1742-1799. — Professeur de physique à Gœttingue et écrivain satirique.

MAXIME. — La maxime d'une action est l'intention éclairée qui préside à cette action, la formule qui la dicte. Agir d'après des maximes est le contraire d'agir mécaniquement. C'est agir en être raisonnable.

MÉCANISME, MÉCANIQUE. — Kant prend ces mots en mauvaise part. Une éducation mécanique n'est fondée sur aucun principe chez l'éducateur et ne fait appel à aucun principe chez l'élève. Kant compare la conduite d'un homme élevé mécaniquement à un jeu de marionnettes où tout gesticule bien, mais où l'on chercherait en vain la vie sous les figures. (*Critique de la Raison pratique*, liv. II, ch. II, § 9.)

MÉRITE, MÉRITOIRE. — Le mérite constitue une hausse morale. On mérite quand on fait plus qu'on ne doit. Et une telle conduite est dite méritoire.

MORALE, MORALISATION, MORALITÉ. — La moralisation enseigne à agir, et la moralité consiste à agir d'après la seule idée du devoir. Voici, selon Kant, le critérium par lequel on reconnaît que l'idée du devoir peut s'appliquer à une action : « Agis d'après une règle telle que tu puisses, vouloir qu'elle soit une loi universelle. »

NEWTON (Isaac) 1642-1727. — Ses principaux titres de gloire sont : la découverte du *binome* qui porte son nom ; — celle du *calcul infinitésimal ;* — celle des principales lois de l'optique ; — celle de la loi de la *gravitation universelle*. Ce grand savant était aussi un philosophe.

OBLIGATION. — L'obligation est ce qui caractérise le *devoir*. Le devoir commande sans contraindre. L'obligation diffère par là de la force et de la nécessité. Mais le devoir commande sans condition. Il diffère par là des règles de l'intérêt et des maximes de la prudence. Celles-ci impliquent et supposent toujours que je veux atteindre une certaine fin. Elles sont *hypothétiques*. Le devoir lui, est un *impératif*, et un *impératif catégorique*. Ce qui signifie que ses ordres sont absolus. « Fais ce que dois, advienne que pourra. »

PARNASSE. — Montagne de Grèce, où la Fable plaçait la résidence d'Apollon et des Muses.

Penser. — Penser, pour Kant, c'est rattacher le particulier au général. Penser véritablement ses actions, ce sera donc les rattacher aux principes d'où elles dérivent. On comprend par là ce que c'est qu'agir en être pensant, et non en *machine.*

Philanthropinon. — École modèle et poursuivant un but *philanthropique*, fondée par Basedow à Dessau.

Physique. — Ce mot, qui vient du grec φύσις (nature), a chez Kant son sens étymologique. *L'éducation physique* a rapport à la nature, c'est-à-dire au corps et à l'intelligence, mais non à la moralité qui doit s'ajouter à la nature.

Platon, 429 ou 430-347 ou 348 avant J.-C. — Il est le plus célèbre des disciples de Socrate dont il expose la doctrine, réfléchie et interprétée par sa propre pensée, en d'éloquents et poétiques dialogues.

Pragmatique. — La culture pragmatique a rapport à la prudence, dans le sens le plus restreint de ce mot, c'est-à-dire à l'art de se servir des hommes pour nos propres fins. Un passage de l'*Anthropologie* (seconde partie), éclaircit le sens de ce mot. « De tous les êtres vivants qui *habitent la terre* l'homme est capable de gouverner les choses par des dispositions *techniques...*, de gouverner les autres par des dispositions *pragmatiques*, qui consistent à tirer parti des autres hommes pour ses propres fins, et d'agir sur lui-même par des dispositions *morales*.

Pratique. — « On nomme pratique ce qui se rapporte à la liberté. » L'éducation pratique ne se rapporte pas seulement à ce que nous appelons aujourd'hui *le sens pratique*. Elle comprend : 1° l'habileté ; 2° la prudence ; 3° la moralité (*Traité de Pédagogie*, De l'éducation pratique). Elle est même surtout l'éducation morale.

PRUDENCE. — « Les règles de l'intérêt ou maximes de la *prudence* représentent la nécessité pratique d'une certaine action comme *moyen* pour quelque autre chose qu'on désire..... Dans ces règles, il n'y a pas à se demander si le but que l'on se propose est bon ou mauvais; il ne s'agit que de ce qu'il faut faire pour l'atteindre. Les préceptes que suit le médecin qui veut guérir radicalement son malade et ceux que suit l'empoisonneur qui veut tuer un homme à coup sûr ont pour tous deux une égale valeur en ce sens qu'ils leur servent également à atteindre leur but. Dans la jeunesse, comme on ne sait jamais quel but on aura à poursuivre dans le cours de la vie, les parents cherchent à faire apprendre beaucoup de choses à leurs enfants; ils veulent leur donner de l'*habileté* pour toutes sortes de fins; et ce soin même est si grand chez eux, qu'ils négligent d'ordinaire de former et de rectifier le jugement de leurs enfants sur la valeur même des choses qu'ils pourront avoir à se proposer pour fins. En général, la formule par laquelle on peut se représenter ces sortes de préceptes subordonnés ainsi à une certaine condition, c'est-à-dire à l'hypothèse d'un certain objet désiré, c'est un proverbe populaire : « Qui veut la fin veut les moyens. » (Kant, *Fondements de la métaphysique des mœurs.*)

Dans le *Traité de Pédagogie* (De l'éducation pratique), le mot *prudence* a un sens plus restreint et plus précis. Il désigne l'art d'appliquer notre habileté *à l'homme*, c'est-à-dire de nous servir des hommes pour nos propres fins.

RAISON. — « La raison est la faculté d'apercevoir la liaison du général avec le particulier. » (*Traité de Pédagogie.*)

On sait que Kant distingue la *raison spéculative* et la *raison pratique*. La raison spéculative est la raison dans son rapport avec la faculté de connaître. La raison pratique est la raison dans son rapport avec la volonté.

ROUSSEAU (J.-J.) 1712-1778. — Ses principaux ouvrages sont : — Une réponse à cette question posée par l'Académie de Dijon : *Le progrès des sciences et des arts a-t-il contribué à corrompre ou à épurer les mœurs ?* — Une réponse à une autre question posée par la même Académie : *De l'origine de l'inégalité parmi les hommes ;* — la *Nouvelle Héloïse ;* — le *Contrat social ;* — l'*Émile ;* — les *Confessions ;* — la *Lettre à d'Alembert sur les spectacles ;* — l'*Émile* (1762), roman philosophique sur l'éducation, contenait les principes d'une véritable révolution pédagogique. La *naturalisme* était partout opposé à l'ancien *rationalisme*. Le retentissement de cet écrit fut grand en France où il souleva de vives polémiques. Mais c'est en Allemagne que Rousseau trouva des disciples et que sa méthode fut appliquée. Parmi ces disciples, outre les pédagogues proprement dits, il faut citer les plus grands Allemands d'alors : Kant, Gœthe et Schiller.

SEGNER (Jean-André de), 1704-1777. — Naturaliste et mathématicien allemand, fut successivement professeur à Iéna et à Gœttingue.

SCOLAIRE. — Qui a trait à l'école, partant au travail. *Culture scolaire* et *culture forcée* sont synonymes, et s'opposent à culture libre. (Voir *Culture.*)

SCOLASTIQUE. — La culture scolastique (du latin *schola*) n'est autre chose que l'instruction.

SOCRATE, *Méthode* SOCRATIQUE, 470-400 avant J.-C. — célèbre par la révolution philosophique qu'il accomplit, — et par sa mort. Il avait détourné ses contemporains des spéculations où la science d'alors se perdait, et avait « ramené la philosophie du ciel sur la terre ». Sa méthode consistait et se résumait dans la maxime : *Connais-toi toi-même.*

qu'il ne cessait de répéter. Et il apprenait aux autres à se connaître, à lire en eux-mêmes en les interrogeant habilement. Cette interrogation est ce qu'on a appelé l'*ironie socratique*. Il prétendait qu'il faisait le même métier que sa mère, qui était sage-femme, et qu'il *accouchait* les esprits. — Ses plus célèbres disciples sont Xénophon et Platon. Mais toute la philosophie grecque, et même toute la philosophie humaine relève de lui, car il fut le fondateur de la morale comme science.

STRICT. — On distingue en morale les *obligations strictes* et les *obligations larges* ou imparfaites. Les obligations strictes sont celles que détermine un devoir précis. Elles consistent le plus souvent à *ne pas faire*. Les obligations larges sont une marge laissée à l'initiative des bonnes volontés. Quelques moralistes se refusent à cette distinction, ou tout au moins prétendent que les obligations larges sont tout aussi obligatoires que les autres.

TEMPÉRAMENT. — Le tempérament est pour Kant notre manière de sentir, telle qu'elle dépend de notre constitution corporelle. C'est là d'ailleurs, lorsque ce mot est employé dans le langage psychologique, son sens classique.

TONGOUSE. — Peuple de la Russie d'Asie.

TRISTRAM SHANDY. — *La vie et les opinions de Tristram Shandy* (en 9 vol.) de Sterne (Laurence) 1713-1768, qui est aussi l'auteur du *Voyage sentimental*.

FIN

TABLE DES MATIÈRES

FIN DE LA TABLE DES MATIÈRES.

Bourloton. — Imprimeries réunies, B.

www.ingramcontent.com/pod-product-compliance
Ingram Content Group UK Ltd.
Pitfield, Milton Keynes, MK11 3LW, UK
UKHW031913260826
14628UKWH00003B/1175

9 782019 128838